Konstantin Wecker
Die Kunst des Scheiterns

PIPER

Zu diesem Buch

»Nicht nur die Stunde war blau, auch unsere Herzen: blau. Keine Alkaloide damals, nicht mal ein Bier. Himbeerlimonade und Waldmeister, einen Kakao im Kaffeehaus, mehr konnten wir uns sowieso nicht leisten. Einzig die wunderliche Komposition der Worte von Heym und Trakl verrückten unsere Welt …« In der Zeit der ersten Ausreißversuche von daheim begann für Konstantin Wecker, den Musiker, Liedermacher, Komponisten und Autor, jene Suche, die immer die gleiche blieb und bleiben wird: die ewige Suche nach dem Paradies. Er suchte es in Büchern, an der Isar und in Italien, bei den Frauen und in der Musik, in allen Extremen. Die Wellen des Erfolgs, sein intensives Leben spülten ihn ganz nach oben und ganz nach unten. War genug nie genug?

Konstantin Wecker, geboren 1947 in München, studierte Musik sowie Philosophie und Psychologie. 1977 machte die Plattenveröffentlichung »Genug ist nicht genug« mit der Ballade vom »Willy« den Komponisten und Liedermacher bekannt. Ungezählte Tourneen und Konzerte, immer auch in der DDR, Filmrollen, Filmmusiken und Musicals folgten. Er veröffentlichte unter anderem die Bücher »Uferlos«, »Der Klang der ungespielten Töne« und »Die Kunst des Scheiterns«. Zuletzt erschien »Stürmische Zeiten, mein Schatz. Die schönsten deutschen Liebesgedichte«. Wecker lebt mit seiner Frau und seinen beiden Söhnen in München.

Konstantin Wecker

Die Kunst des Scheiterns

Tausend unmögliche Wege, das Glück zu finden

Mit 8 Seiten Bildteil

Piper München Zürich

Mehr über unsere Autoren und Bücher:
www.piper.de

Von Konstantin Wecker liegen bei Piper vor:
Die Kunst des Scheiterns
Uferlos

Ungekürzte Taschenbuchausgabe
Februar 2009
4. Auflage Januar 2011
© 2007 Piper Verlag GmbH, München
Umschlag: semper smile, München
Umschlagfoto: Thomas Karsten
Satz: Filmsatz Schröter, München
Papier: Munken Print von Arctic Paper Munkedals AB, Schweden
Druck und Bindung: CPI – Clausen & Bosse, Leck
Printed in Germany   ISBN 978-3-492-25319-2

Für Annik, Tamino, Valentin und
dem Andenken meiner Eltern gewidmet

Wieder versuchen. Wieder scheitern. Besser scheitern.
Samuel Beckett

In jedem Augenblick ereignet sich die Welt neu – aber mit der Erinnerung, wie sie vorher war.
Hans-Peter Dürr

inhalt

vorwort	11
begegnung mit dem wunderbaren	17
ich war's nicht	25
flucht nach rom	33
meister eckhart und erster knast	51
zum bänkelsänger geboren	67
glück in der reduktion	79
genug darf nie genügen	95
zerschlagenes herz	111
alles leichte wird so schwer	121
nichts mehr zu beschönigen	133
verpfuschtes leben	145
eine idee verkauft man nicht	161
meiner mutter sterben	175
es geht ums tun und nicht ums siegen	185
nachbetrachtungen	197
ps: vom sinn	208
biographische stationen	211
danksagung	230
zum weiterlesen	232

vorwort

Jemand, der über sein Leben nur Gutes zu sagen weiß, lügt, weil jedes Leben von innen her gesehen nur eine Kette von Niederlagen ist – mit diesem Zitat Willy Brandts begrüßte ich letztes Jahr bei meinen Konzerten mein Publikum.

Aber, fügte ich hinzu, auf einer Leiter, deren Sprossen aus Niederlagen gebaut sind, kann man auch ganz schön nach oben klettern. Es scheint mir wenig hilfreich, auf das eigene Leben als eine Reihe von Erfolgen zurückzublicken, zumal ein solcher Rückblick nie frei von Selbsttäuschung ist. Psychologen haben neuerdings die menschliche Fähigkeit zur Selbstbewertung eingehend untersucht und dabei festgestellt, dass unsere Fähigkeit zur Selbsterkenntnis sehr bescheiden ist. Kaum jemand, war zu lesen, ist wirklich in der Lage, ein realistisches Porträt seiner eigenen Persönlichkeit zu zeichnen. Es scheint, als ob die mangelnde Einsicht ins eigene Ich ein Strukturfehler unserer Wahrnehmung ist. Das Hauptproblem ist die Überschätzung der eigenen Fähigkeiten.

Also könnte man doch, um diese Gefahr der Überschätzung zu umschiffen, versuchen, seine Biographie anhand der erlittenen Misserfolge und Niederlagen zu betrachten. Nicht als Selbstgeißelung, sondern indem man sein Scheitern als Chance nimmt, sich selbst einmal unverklärt in die Augen zu schauen. Das kann durchaus liebevoll geschehen. Und ist es nicht ein Vorteil, wenn man sich einmal des Vorschusses beraubt, dessen man sich sein Leben lang so hemmungslos bedient hat?

Und oft sind Niederlagen ja auch, in einem größeren Zeitrahmen betrachtet, der Beginn einer längst fälligen Verwandlung, die einzige Chance zur Einsicht und zum Innehalten in einem Prozess der Entfremdung.

Was für eine Chance kann manchmal Krankheit sein, ein Misserfolg zur rechten Zeit, eine Trennung von einem geliebten Menschen – denn meistens kommt der Anstoß für eine Kurskorrektur im eigenen Leben doch durch einen unvorhergesehenen Schicksalsschlag.

Oder, um es mit C. G. Jung auszudrücken: »Ein kräftiges Leid erspart oft zehn Jahre Meditation!«

Was habe ich nicht alles über den Gleichmut gelesen, der nicht in Gleichgültigkeit ausarten darf, über die still lächelnde Ruhe des Herzens, über den tiefen Frieden derer, die »erwacht« sind.

Nicht nur gelesen – auch in der viel gerühmten Praxis der Kontemplation und Meditation habe ich mich versucht, was hilft einem schon das Wissen um etwas, das sich angeblich nur in der »Wolke des Nichtwissens« offenbaren kann – aber die Kunst des Gleichmuts scheint anderen vorbehalten zu sein. Erleuchteten Zeitgenossen, Menschen von einem anderen Stern.

Einzig die Kunst des Scheiterns scheint wie für mich gemacht. Nun bedeutet dies nicht, ein Leben ohne Erfolge führen zu wollen. Und ich will auch das, was mir gelungen ist, keineswegs leugnen. Wir sehnen uns nach Erfolgen, und vor allem nach einem leidfreien Leben, nach Glück, und diese Sehnsucht gehört zu uns. Sie abtöten zu wollen wäre genauso töricht, wie unsere Niederlagen zu leugnen.

Als ich Dieter Hildebrandt vom Thema meines Buches erzählte, meinte er:

»Der Titel ist gefährlich. Ein gefundenes Fressen für jeden nicht wohlwollenden Kritiker. Das Wortspiel liegt auf der Hand. Und vor allem: Du wirst doch nicht den Fehler machen und irgendetwas beichten, was du besser weiter für dich behalten hättest?«

»Nein«, antwortete ich, »ich habe nichts zu beichten, was man nicht sowieso schon irgendwo gelesen hätte.«

»Aber warum schreibst du dann über deine Niederlagen?«

»Weil sie mich weitergebracht haben, weit mehr als alles, was mir geglückt ist!«

»Also schreibst du doch ein Buch über deine Erfolge!«

Dem Dieter kann man nichts vormachen.

Natürlich hat er recht. Ich will mich nicht suhlen in meinen Leidensgeschichten, und im Nachhinein rechtfertigt sich Leid nur, wenn es zu einer Erkenntnis führt.

Nur dass das Scheitern derart ausgeklammert wird aus der Biographie des modernen Menschen, als wäre es anstößig und unmoralisch, als ginge es immer darum, zu den Gewinnern zu gehören, halte ich für gefährlich.

Wir verlieren dadurch den selbstverständlichen Umgang mit unserer eigenen Geschichte und verschenken die Chance, wirklich erwachsen zu werden.

Und ist Kunst ohne Scheitern überhaupt vorstellbar? Muss man es nicht geradezu in die künstlerische Arbeit integrieren? Das Scheitern als Modell künstlerischen Handelns bedeutet auch, die Prozesse einer Profanisierung zu bekämpfen, die Kunst als simple Dekoration benutzt.

Und Scheitern darf auch deshalb keine Schande sein, weil mit dem Hinweis, Utopien seien immer zum Scheitern verurteilt, jede Veränderung schon im Keim erstickt würde.

»Mögen wir sein wie der Lotus, der im Schlamm zu Hause ist. So verbeugen wir uns vor dem Leben, wie es ist.«

Diese Zen-Verse kommen mir immer wieder in den Sinn, wenn ich nach einer besonders anständigen und besonders vorbildlichen Lebensphase wieder einen Einbruch erlebe. Je strenger ich versuche mich zu kasteien, umso jäher der Absturz.

Es ist gefährlich, den Schlamm, in dem man zu Hause ist, verdrängen zu wollen. Und seine verbotenen Früchte und Blumen des Bösen nicht ernst zu nehmen.

Ich habe sie manchmal zu ernst genommen und auch deshalb nicht immer ein vernünftiges Leben geführt. Aber wie vernünftig ist eigentlich die Vernunft? Ins Paradies hat sie uns ja nicht gerade katapultiert ...

Die Beziehungen zu uns und den Dingen sind zusammengebrochen. Oder liegt es gar nicht an uns Menschen?

Ist die Welt vielleicht schon von Anfang an unvernünftig erschaffen worden? Fehlte vielleicht noch der eine oder andere Schöpfungstag? Hatte Gott sich nicht genügend Zeit genommen, war er eventuell im Stress?

Könnte die Welt nicht von ihrer Grundidee gerechter, zusammenhängender, gesetzmäßiger sein?

Einfach – vernünftiger?

Hat sich Gott vielleicht nur einen Riesenspaß erlaubt?

Oder gibt es ihn etwa unverschämterweise gar nicht?

Dann wären wir für das ganze Desaster ja selbst verantwortlich. Es wäre handgemacht. Von Menschenhand.

Nun, ich glaube, wenn es Gott gibt, dann müssen wir ihm dasselbe zugestehen wie uns selbst:

Die Kunst des Scheiterns.

begegnung mit dem wunderbaren

Bohr ein Loch in den Sand
sprich ein Wort hinein
sei leise
vielleicht
wächst dein kleines Vertrauen
irgendwann
groß in die Sonne.

(1965)

Als kleiner Junge fragte ich einmal meinen sanften, klugen Vater, ob es denn etwas gäbe, was ganz anders sei als alles, was man kennt. Anders als Menschen und Tiere und Dinge, anders als alle Farben und Klänge, ja sogar anders als das große, unbekannte Universum. Soweit ich mich erinnere, blieb mir mein Vater dieses Mal eine Antwort schuldig. Oder seine Antwort befriedigte mich nicht. Wie sollte er mir auch helfen? Selbst wenn er verstand, was ich meinte, wie sollte er Worte dafür finden?

Seitdem ließ mich die Sehnsucht nach dem ganz anderen nicht mehr los. Die Suche nach dem Unbekannten, Unerklärlichen, Unverfügbaren, Namenlosen. Die Suche nach dem Wunderbaren.

Diese verrückte Sehnsucht, etwas zu wollen, was man nicht kennt, hat mich wahrscheinlich dazu getrieben, Gedichte zu lesen und später dann selbst welche zu schreiben, hat mich dazu getrieben, stundenlang am Klavier zu improvisieren und mich später dann dem Leben und seinen Ausschweifungen hemmungslos hinzugeben.

Meine unvergessene Begegnung mit dem Wunderbaren bescherte mir Beethovens Violinkonzert.

Ich war gerade mal zwölf, allein zu Hause und lag auf dem Fußboden unseres Wohnzimmers vor dem Radioapparat.

Hatte ich vorher noch ohne ein bestimmtes Ziel einen einigermaßen rauschfreien Sender gesucht, so war ich schon nach wenigen Takten von der Schlichtheit des Geigenthemas berauscht.

Und schon bald konnte ich die Töne sehen, die Klänge schmecken und jedes einzelne Instrument des Orchesters deutlich unterscheiden. So plastisch hatte ich bis dahin noch nie Musik erlebt und so unabhängig von einem zeitlichen Ablauf.

Ich hatte damals wirklich das Gefühl, meinen Körper zu verlassen und mit den Tönen eins zu werden. Als wäre ich Komponist, Musiker und Zuhörer zugleich, nahm mich diese Musik mit auf eine Reise, die mich weg von der Realität und zugleich tief in mich hineinführte.

Nebenmotive sah ich als geometrische Linien um das Hauptthema kreisen, die Akkorde offenbarten sich mir als mathematische Formeln, und jeder Ton hatte seine eigene, unverwechselbare Farbe. Das D war orange, daran kann ich mich noch erinnern, in den tieferen Oktaven warm und dunkel, nach oben hin immer greller strahlend und von einer nie zuvor gesehenen Leuchtkraft.

Später, auf der Universität, habe ich einen Satz von Gottfried Wilhelm Leibniz gehört, der mir diese Schau der Töne auf eindrucksvolle Weise bestätigte: »Die Musik ist eine verborgene Übung der Seele, welche dabei nicht weiß, dass sie mit Zahlen umgeht.«

Mir war so warm und wohlig, und ich fühlte mich so aufgehoben in den Klängen, dass ich mir nicht vorstellen konnte, dass dieser Augenblick der Verzückung jemals ein Ende finden würde.

Farben und Töne waren nicht mehr zu unterscheiden, die ganze Welt bestand aus Wellen, auf denen ich mich frei von körperlicher Schwere durch das Weltall treiben ließ.

Wahrscheinlich war es meine heimkehrende Mutter, die mich aus der Verzückung zurück auf die Erde brachte, oder vielleicht auch nur ganz banal das Ende des Konzertes – jedenfalls hatte Musik seitdem für mich eine andere Bedeutung.

Bis heute hoffe ich beim Musizieren ausschließlich dieses Erlebnis wiederzufinden.

»Die Spaltung, die mit dem Menschen in die Welt kommt und die er unvermeidbar als schmerzlich empfindet – die Trennung in Ich und Welt, Subjekt und Objekt, Sein und Bewusstsein, Endlichkeit und Unendlichkeit –, ist Schein, mangelnde Kunst; sie ist nur dadurch aufzuheben, dass die Welt von einem Nullpunkt her verstanden, das Differente als ein Auseinander desselben, als innere Aktion des Identischen bestimmt wird.«

Bei meinem (abgebrochenen) Studium der Philosophie in München habe ich leider nie etwas von Salomo Friedländer gehört. Vermutlich nur, weil ich ein ziemlich lausiger Student war.

Möglicherweise hätte mich dieser, zugegebenermaßen etwas komplizierte Satz, auf eine Fährte geführt, die mir an der Uni verschlossen blieb. Damals nämlich konnte mir die abendländische Philosophie nicht annähernd das geben, was ich suchte. Auch wenn ich dieses vorschnelle und jugendliche Urteil heute revidieren muss – damals schien die mir bekannte Philosophie eine ausschließlich die intellektuelle Eitelkeit befriedigende Hirngymnastik zu sein, eine Übung die meine wirkliche Sehnsucht nicht einmal im Ansatz befriedigen konnte.

Vielleicht auch war ich etwas verwöhnt durch meine Leidenschaft für die Musik, habe hier in Bereiche hineingehört, die sich mir durch das Denken nicht erschließen wollten.

Die Musik ist eine nonrationale Sprache, aber eben auch eine Sprache, mit deren Hilfe man sich verständigen kann, mit deren Hilfe man Antworten erhalten kann.

Gustav Mahler sagte einmal, beim Musikhören wie auch beim Dirigieren höre er ganz bestimmte Antworten auf all seine Fragen. Und empfinde dann ganz deutlich, dass es gar keine Fragen seien.

Das konnte mir die Philosophie nicht bieten, sie hatte keinen »Soul«, sie ging nicht ins Blut, sie hatte nichts mit *mir* zu tun.

Dann entdeckte ich, beim Stöbern in der Universitätsbuchhandlung, gut versteckt in der hintersten Ecke, ein verstaubtes Buch: »Auf der Suche nach dem Wunderbaren«. Peter D. Ouspensky versuchte, den Menschen die Notwendigkeit der Arbeit an sich selbst näherzubringen, denn den Erfahrungen der anderen zu folgen verstärke weder unser Verständnis noch verändere es uns. Der Mensch ist eine Maschine. Laut Ouspensky kann er aus eigener Kraft keinen einzigen Gedanken und keine einzige Handlung hervorbringen. Alles was er sagt, tut, denkt, fühlt – all dies geschieht.

Ein Beispiel aus diesem Buch wollte mir nicht mehr aus dem Kopf, es hat mich fasziniert, und ich habe bis heute kein besseres Bild gefunden für unsere Unzulänglichkeit, größere Zusammenhänge zu verstehen. Ich versuche, ohne Anspruch auf Werktreue, aus dem Gedächtnis zu zitieren:

Man stelle sich ein zweidimensionales kleines Wesen vor, das sich in einem dreidimensionalen Raum bewegt. Es wird immer nur eine Linie sehen. Einen Kubus kann es sich nicht mal denken. Und nun stelle man sich eine menschliche Hand vor, die ihre fünf Fingerkuppen auf einen Tisch legt.

Selbst wenn dieses Wesen alle Finger noch so akribisch untersuchte und die Beschaffenheit der Haut und Nägel erforschte, es würde doch nie erkennen, in welchem Zusammenhang diese Fingerkuppen miteinander stehen, zu welch großem Ganzen sie sich endlich verbinden. So können wir das, was uns und unsere Welt miteinander verbindet, nur erahnen und in seiner Ganzheit nie erfassen.

Hier begegnete ich auf intellektuellem Gebiet einem der tausend unmöglichen Wege, einem Weg, den mir die Musik in meiner Kindheit schon etwas nahegebracht hatte.

Caruso und Tauber, Callas und Tebaldi und tagaus, tagein der verführerische Schmelz der Tenorstimme meines Vaters, sein unschuldiges, fast kindliches Timbre – all diese Klänge verzauberten unsere Wohnung, ließen sie über die Dächer der Stadt hinausfliegen in italienische Opernhäuser und Palazzi. Ich lernte mit Verdi zu hoffen und mit Puccini zu weinen, ich starb tausend Tode mit Manon und träumte, mit dem Tode ringend, von einer letzten Reise mit Mimi nach Paris.

Es herrscht ein reges Frauensterben in den Belcanto-Dramen jener Zeit, und mir, dem die Oper das einzige Tor zur Wirklichkeit war, schienen Liebe und Tod untrennbar verbunden.

Grade mal fünf Jahre alt, trällerte ich, wie Mutter mir erzählte, die Arien nach, die mein Vater unermüdlich übte.

Dann lernte ich Klavier spielen, und schon bald begann ich zu improvisieren und bescheidene Melodien zu komponieren. Die Jahre vor dem Stimmbruch sang ich mich mit meinem Vater quer durch die Klavierauszüge seiner Lieblingsopern. Was für ein ungewohnter Zusammenklang der verwandten Stimmen in den schönsten Liebesduetten der Musikgeschichte vereint!

Ich *war* Mimi, und mein Pathos ließ sich durch keine musikalische Leitung zügeln. Ich ließ mich von Puccini selbst leiten und von der Liebe, die seinen Melodien und harmonischen Progressionen entströmt. Und damals wenigstens war ich mir sicher: Wer noch nie bei Puccini geweint hat, kann nicht zur menschlichen Spezies gezählt werden.

Mit dem Verlust der engelsgleichen Knabenstimme verlor ich die künstlerische Selbstsicherheit, und mein Musizieren wich einem trotzigen Aufbegehren gegen alles, was mir geschenkt worden war. Der gefallene Engel sank mit seiner Stimme um ein paar Oktaven tiefer in die Niederungen der Fleischlichkeit.

Von da an machte ich mich auf die Suche nach dem Paradies, das ich verloren hatte. Und ich begann zu fliehen.

ich war's nicht

Liebes Leben, fang mich ein,
halt mich an die Erde.
Kann doch, was ich bin, nur sein,
wenn ich es auch werde.

Gib mir Tränen, gib mir Mut,
und von allem mehr.
Mach mich böse, mach mich gut,
nur nie ungefähr.

Liebes Leben, abgemacht?
Darfst mir nicht verfliegen.
Hab noch so viel Mitternacht
sprachlos vor mir liegen.

(1980)

Ich war's nicht. Georg Trakl war's!

Er war schuld, dass ich das erste Mal von zu Hause ausriss.

Und Georg Heym und Ernst Maria Stadler und Jakob van Hoddis. Viele Namen dieser oft so früh verstorbenen, so tief empfindenden, so unendlich traurigen Dichter des expressionistischen Jahrzehnts habe ich leider vergessen, aber ich kann mich noch gut erinnern an ein Taschenbuchbändchen, das sich ausschließlich den Gedichten dieser Zeit widmete und das mich nachhaltig davon überzeugte, dass dieses bourgeoise Gymnasium mit seinen bourgeoisen Karriereaussichten jeder freien künstlerischen Entwicklung im Wege stehen musste.

»Lyrik des expressionistischen Jahrzehnts« hieß das Buch, zu dem Gottfried Benn ein Vorwort geschrieben hatte, und kein weiteres Buch hat meine eigene lyrische Produktion auch nur annähernd so beeinflusst.

Ich litt mit diesen großen Leidenden, ich zog mit ihnen in den Krieg, ich lag verwundet im Schützengraben, ein Notizbüchlein auf den blutenden Knien, und reimte von blauen und trüben Stunden im »sinkenden Abend«, in der »austreibenden Flut«.

Ich berauschte mich an Trakls Versen und seinem tragischen Geschick, wie Jahre später an süßem Lambrusco, wir schwänzten die Schule und gaben uns in diversen Kaffeehäusern allmorgendlich eine Dröhnung expressionistischer Gedichte.

Mein Freund Stephan, ein stiller, scheuer Junge, der wunderschön Blockflöte spielen konnte, hörte zu. Ich rezitierte. Das verständnislose Kopfschütteln der übrigen Gäste wertete uns anfangs auf, ihre Verständnislosigkeit bestätigte uns in unserem Kampf gegen die Spießer dieser Welt, später vergaßen wir auch sie.

Die blaue Stunde wurde zum blauen Tag, zur blauen Woche, dem Bürger flog vom spitzen Hut der Kopf, und Anna Blume?

Ich liebte dir! Du, deiner, dich, dir, du tropfes Tier!

Nicht nur die Stunde war blau, auch unsere Herzen: blau. Keine Alkaloide damals, nicht mal ein Bier. Himbeerlimonade und Waldmeister, ein Kakao und eine Butterbreze, ab und zu eine Semmel tief in den Senftopf getaucht, mehr konnten wir uns sowieso nicht leisten.

Das Taschengeld war knapp bemessen, und ohne ab und zu in die Hosentasche unserer Väter zu greifen, hätten wir unsere Kaffeehausstunden nie finanzieren können.

Nein, keine Drogen, sondern einzig die wunderliche Komposition der Worte verrückte unsere Welt, der Fluss der Sprache und ein bedrohlicher, sich nur selten erhellender Rhythmus wie von fernen Kriegstrommeln angefacht.

Dann lasen wir erschaudernd vom frühen Kokaintod des Meisters, der als Sanitäter die Toten des Ersten Weltkriegs nicht mehr ertragen wollte, zu viele Leichen, zu viele Verstümmelte, und ihm war das Herz so schwer geworden, dass er, noch nicht mal dreißig Jahre alt, sein Leben hingab.

Nein, ich war's nicht, Georg Trakl war schuld, dass dieser vierzehnjährige Romantiker statt in die Schule zu gehen, eines Morgens mit hochrotem Kopf am Bahnhof stand, um ein neues Leben als freier Dichter zu beginnen. Ein paar Unterhosen im Ranzen, ein paar Socken und natürlich Stifte und Papier, das musste genügen, die paar Mark Taschengeld, die wir uns angespart hatten, mussten reichen. Freie Dichter brauchen kein Geld, keine Wohnstatt, keine Eltern und vor allem keine Schule.

Es war Winter, und bei allem Verständnis für meinen kindlichen Wahnsinn, bei aller Sympathie für die Kraft meiner kindlichen Phantasie werde ich doch nie verstehen, warum ich mir nicht den Sommer ausgesucht hatte für diesen unumstößlichen Schritt in mein neues Leben.

Ich war doch ein Sommerkind, der Winter fand nicht statt in meiner Kindheit, außer ein paar Mal Schlittschuhlaufen und Schlittenfahren.

Meine Kindheit hat außer mit Singen, ausschließlich mit Sommer zu tun und Baden an der Isar, an unserem Lehel-Lido auf der Praterinsel. Schulranzen in die Ecke geschmissen, Badehose angezogen und dann runtergerast vom vierten Stock am Mariannenplatz 1, über die Steinsdorfstraße und rein in die Fluten.

Dort stand damals noch ein Damm, von dem man, wenn man die richtige Stelle wusste, reinhechten konnte. Wusste man die Stelle nicht, schlug man sich halt, wie so mancher Fremde, den Kopf auf an den Felsen, die von der Gischt der reißenden Isar verdeckt waren und nur im Frühjahr, bei der jährlichen Bachauskehr, ausgemacht werden konnten.

Nun stand ich also im Winter am Bahnhof, und damals

waren die Winter noch kalt und verschneit und machten ihrem Namen alle Ehre.

Stephan hatte sich etwas verspätet, das machte nichts, ich liebte es, am Bahnhof zu sein, den Geruch von Ferne in der Nase, die erwachsenen Reisenden im sehnsüchtigen und bewundernden Blick, und jedem dichtete ich eine spannende Lebensgeschichte an. Dichter und Diebe waren das, Gräfinnen und Spieler, Geheimagenten und Anarchisten.

Damals gab es noch keine flauschigen Daunen-Wintermäntel für Kinder, wir hatten ein paar Pullover übereinandergezogen, eine Jacke im Gepäck, Stoffhandschuhe, die, sobald sie etwas nass wurden, zu Eiszapfen gefroren. Und ein Übermaß an Gottvertrauen.

Wir stiegen in den Zug, der uns am besten gefiel. In einen Zug, der heute nur noch im Deutschen Museum zu besichtigen wäre. In einen wunderschönen Zug. Schwarz und glänzend. Uns war egal, wohin er fuhr.

Der Zug sollte uns immerhin nach Augsburg bringen, bekannt als Tor zur großen Welt.

Dort mussten wir aussteigen, der Schaffner hatte uns entdeckt und schon durch den Zug gejagt. Man ist in diesen Nachkriegsjahren nicht viel gereist, wir Kinder sind grad mal an den Starnberger See geradelt und mit den Eltern nach Andechs in den Biergarten. Und da war Augsburg schon ganz schön spannend.

Speziell an diesem Tag allerdings war der Winter noch scheußlicher und kälter als sonst. Und bei aller Begeisterung für die Lyrik: So ein Gedichtband hält nur bedingt warm. Er mag die Herzen erwärmen, aber nicht die Füße, und so beschlossen wir schon nach ein paar bitterkalten Stunden in einem völlig verwaisten Park, die Nacht doch nicht auf der Parkbank, sondern zu Hause im warmen Bett zu verbringen.

Das heißt, eigentlich beschlossen wir es gar nicht, sondern fanden uns, ohne ein Wort über den Rückzug zu verlieren, gegen Abend im Zug wieder und spielten noch eine Runde mit dem Schaffner Verstecken.

Als wir uns voneinander verabschiedeten, wussten wir, dass wir es noch einmal versuchen würden. Aber dann doch lieber im Sommer oder wenigstens, wenn er nicht mehr weit ist und der Himmel ein Opal.

Diese Verzauberung durch Worte, diese Begeisterung, mich von der Poesie in eine eigene Welt entführen zu lassen, Metaphern für wahrhaftiger zu halten als die Realität, ist mir nie verloren gegangen, auch in den schwersten Zeiten nicht. Dichter können Freunde sein, manchmal sind es die einzigen in einer verständnislosen, prosaischen Welt, gegen die man wie gegen Windmühlen anrennt.

Auch heute noch finde ich den meisten Trost in Büchern, oft auch in alten, zerschlissenen, die man immer wieder liest. Fast kein Tag vergeht ohne ein Rilke-Gedicht zur Hand zu nehmen. Von ihm lasse ich mich am liebsten entführen in eine Welt jenseits von Reportage und Analyse, Sensationen und Klatsch.

Und sind Worte nicht manchmal wirklicher als die sogenannte Wirklichkeit?

flucht nach rom

Dass der Himmel heut so hoch steht,
kann doch wirklich kein Versehen sein.
Und es ist bestimmt kein Zufall,
dass die Lichter sich vom Dunst befrein.

Ich sitz regungslos am Fenster,
ein paar Marktfraun fangen sich ein Lächeln ein.
Irgendwo da draußen pulst es,
und ich hab es satt, ein Abziehbild zu sein.

Nichts wie runter auf die Straße,
und dann renn ich jungen Hunden hinterher.
An den Häusern klebt der Sommer,
und die U-Bahn-Schächte atmen schwer.

(1977)

Ein paar Jahre später gelang es mir, endlich nach Italien durchzukommen. Es war Sommer und »alles hell und die Erde für Spaten leicht«, wie es Gottfried Benn gefordert hatte.

Die Flucht war diesmal nicht so einfach, denn ich war immer noch minderjährig, und meine Mutter hatte mir wegen häufigen Ausreißens den Pass entzogen.

Ich bediente mich eines schäbigen Tricks und fälschte mit nicht zu unterschätzender krimineller Energie ein Schreiben meines Gymnasiums. Auf Originalpapier, das ich ein paar Tage vorher aus dem Sekretariat des Direktors geklaut hatte, ließ ich mich auffordern, meinen Personalausweis wegen einer Volkszählung in die Schule mitzubringen.

Meine Mutter sah mir tief in die Augen und sagte: »Ich vertraue dir, denn ohne Vertrauen kann man nicht miteinander leben. Und du versprichst mir, dass du mir den Ausweis gleich nach der Schule wieder aushändigst!«

Ich kam Mittags gar nicht mehr nach Hause, sondern war schon der Sonne entgegen in irgendeinem Lastwagen auf der Autobahn Salzburg unterwegs.

Die Vorfreude auf die Reise ließ mich keinen unnötigen Gedanken an daheim verschwenden, und eigentlich erst, seit ich selbst Vater bin, kann ich nachvollziehen, welche

Schmerzen ich meinen Eltern mit meinen fast schon pathologischen Ausrissen zugefügt hatte.

Ich hatte einen Matchsack und meine Gitarre im Gepäck, auf der ich leidlich spielen konnte, und war mir wieder mal sicher, ich würde den Rest meines Lebens auf diese Weise vervagabundieren. In Venedig, am Markusplatz, sang ich den amerikanischen Touristen deutsche Volkslieder vor, wenn die Kaffeehausmusiker Feierabend hatten. Ich zog von Tisch zu Tisch, intonierte »Am Brunnen vor dem Tore« oder »Ännchen von Tharau«, erntete entzückte Begeisterungsschreie und vor allem eine dollargespickte Sammeldose.

So konnte es weitergehen.

Eine sehr schöne und sehr vornehme junge Frau aus Florida, Gattin eines sehr alten und sehr reichen Geschäftsmanns, lud mich auf eine Gondelfahrt nach Murano ein. Wahrscheinlich wollte sie mich in einer Pension auf der Insel verführen.

Ich kann mich noch an ihre zerbrechliche, schlanke Gestalt erinnern und dass ich viel zu verwirrt war, zu verliebt, zu verzückt, um in diesem zauberhaften Moment an Sex zu denken. Mein Englisch war damals (wie heute) sehr bescheiden, und so fand meine innere Verwirrung ihre perfekte Entsprechung in einem radebrechenden Gestammel, das auf die Angebetete vielleicht ganz niedlich, aber keinesfalls erotisierend wirkte. Jedenfalls drückte sie mir auf der Insel ein paar Dollarnoten in die Hand, verabschiedete sich mit einem flüchtigen Kuss auf die Wange und sauste mit einer dieser unbezahlbaren Motorboot-Taxen nach Venedig zurück.

Auf dem Markusplatz lernte ich ein paar Hippies kennen, manche hatten Gitarren dabei, andere Waschbretter, die sie mit Fingerhüten als Schlagzeug zweckentfremdeten, wieder andere selbst gebastelte Teekistenbässe, wer gar nichts spielen konnte, blies auf dem Kamm, und wir brüllten Songs von Lonnie Donegan und Alexis Korner aus vollem Hals.

Das war der Gegenentwurf zu meiner immer noch heiß geliebten klassischen Musik, nach dem ich so verzweifelt gesucht hatte. Keine Perfektion, kein Üben, kein Leistungsdruck, kein sich Messen mit den unerreichbaren Göttern Beethoven und Brahms, das war ein Lebensgefühl in Tönen, da wurde der Unterleib mit in Bewegung gebracht. Es kam nicht auf den Wohlklang der Stimme an, nur auf den Ausdruck. Und falsche Noten waren kein Fehler, sondern Programm. Das war unser Punk.

Ein paar von uns reisten dann per Anhalter weiter nach Genua, um dort eine Kommune zu besuchen, die in einem Open-Air-Theater feierte. Auch ich wurde auf die Bühne gezerrt und musste irgendetwas singen. Keine Ahnung, was ich damals zum Besten gab.

Wir wollten gerade den Erfolg meines Auftritts mit einer Flasche Wein begießen, als alle wie durch ein unsichtbares Signal aufgeschreckt auseinanderstoben. Schon nach ein paar Minuten war das Gelände menschenleer. Nur mich schien man vergessen zu haben. Also war ich auch der Einzige, der den Polizisten in die Hände fiel. Der Tedesco mit der Gitarre war der Dumme.

Wir verstanden uns nicht, die Polizei und ich.

Weder verbal noch nonverbal.

Und da ich minderjährig war, hatte ich gehörig Angst,

wieder heimgeschickt zu werden. Also entschied ich mich zur Flucht, schnappte meine Gitarre und sprang in einem kurzen unbeaufsichtigten Moment ins nächste Gebüsch.

Wie schön war es dann zu erleben, dass ich doch nicht von allen verlassen worden war. Irgendjemand zog mich am Arm auf einen unbeleuchteten Weg, nach ein paar Minuten fanden sich immer mehr johlende und lachende Jugendliche ein, sie nahmen mich in ihre Mitte, sangen Spottlieder auf die Polizei, und schon bald fanden wir uns am Strand wieder, ließen uns in den Sand fallen, rissen uns die Kleider vom Leib, sprangen ins Wasser.

Ich war der glücklichste Mensch der Welt, umfangen von Freunden, Lachen und Liebe, leerte den Rest einer Rotweinbombe und sank selig in Sand und Schlaf.

Am nächsten Morgen war der Strand menschenleer und mein Rucksack, mein Ausweis und die paar Lire, die ich mir in Venedig ersungen hatte, verschwunden.

Die guten Freunde, die Gesinnungsgenossen und Weggefährten, alle weg, wie wenn ein grelles, lebensfrohes Bild von der Leinwand gelöscht worden wäre oder, treffender, übermalt mit den Farben eines öden, trüben, nebligen Strandvormittags.

Ein paar Möwen lachten mich aus. Hämische Vögel, sie waren mir noch nie sympathisch gewesen.

Vielleicht war es einem kleinen Rest von Anstand zu verdanken, dass mir meine »Freunde« die Gitarre ließen.

Denn man kann meinetwegen alles klauen, aber doch bitte keine Gitarren.

Das erinnert mich an eine Geschichte, die Charlie Mariano passiert ist, dem legendärsten Musiker, mit dem ich jemals zu spielen das Vergnügen hatte. Ich schweife ab, aber da dieses Buch fast ausschließlich aus Abschweifungen und Skizzen besteht, gestatte ich mir auch diesen Ausflug.

Wir hatten also ein Konzert in Hamburg, als Charlie sein Saxophon, das er von Charlie Parker geschenkt bekommen hatte, aus dem Tourbus geklaut wurde. Er hatte es unvorsichtigerweise über Nacht dort liegen lassen, und der Wagen wurde aufgebrochen.

Charlie war kaum mehr ansprechbar und spielte auf einem geliehenen Alt ein nicht allzu inspiriertes Konzert.

Als sich am nächsten Morgen der immer noch verzweifelte Charlie auf seinen Platz im Tourbus setzen wollte, riss uns sein Schrei aus der allgemeinen Morgenmuffeligkeit.

Da lag sein Saxophon. Unversehrt, und sogar der zerschlissene Instrumentenkoffer war wieder aufgetaucht.

Einer unserer Musiker, ich glaube, es war der Trompeter Johannes Faber, hat Charlies Altsaxophon zufällig in einem Leihhaus auf St. Pauli im Schaufenster gesehen und für lächerliche vierzig Mark erstanden.

Auch Saxophone kommen einem also, wie es scheint, nicht abhanden.

Doch wer wollte für diese Regel garantieren?

Sicher bin ich mir nur bei meinem Flügel, und ich wage zu behaupten, dass er mir auch in der Zukunft nicht geklaut werden wird. Höchstens gepfändet. Aber das ist eine andere Geschichte.

Was blieb mir übrig in Genua, verraten von meinen Freunden, im Stich gelassen, plötzlich ein Fremder, ein Exilant, als mir ein paar Lire mit Singen zu verdienen. Und ich hockte mich in der Innenstadt in eine Unterführung.

Aber geschäftige Genueser sind aus anderem Holz geschnitzt als weinselige Venedigtouristen. Die Dose blieb leer, sosehr ich mir auch die Seele aus dem Hals schrie, nicht mal ein einziges verträumtes Hundert-Lire-Stück fand seinen Weg zu mir.

Ich war pleite, hungrig und heiser, und erste Anflüge von Sehnsucht nach meinem eigenen Bett begannen mich zu irritieren.

Wollte ich nicht mein ganzes Leben in Freiheit verbringen, einzig der Poesie verpflichtet und der Schönheit des Lebens?

Handschellen beendeten meinen inneren Monolog. Ich hatte die Carabinieri gar nicht kommen sehen vor lauter Selbstmitleid.

Die Genueser Polizei war entschieden verständnisloser als die venezianische und steckte mich kommentarlos in eine Zelle.

Sie war überfüllt mit Gammlern, Globetrottern und Freaks aller Nationen, und ich wurde mit einem lautstarken »hi man« begrüßt.

Die Stimmung war wirklich prächtig, und ich glaube dieses Erlebnis legte den Grundstein für meine spätere, reichlich naive Furchtlosigkeit vor Polizei, Gesetz und Knast.

Eine riesige Holzpritsche diente als Lager für über zwanzig Personen, und da keiner der Inhaftierten eine hohe Haftstrafe zu erwarten hatte, versuchten alle, diese Tage wie ein WG-Fest zu gestalten. Wir sangen und tanzten, einige ritzten sich ein Schach in die Pritsche, andere träumten vor sich hin.

Mag sein, im Rückblick verklärt sich dieses Bild, aber diese Solidarität unter Jugendlichen, die das natürliche Ergebnis einer bewussten Verweigerungshaltung war, habe ich nur in diesen Jahren erlebt.

Keiner wollte den anderen aus irgendeinem Job verdrängen, die meisten waren unbeleckt von Ehrgeiz und die wenigen Streber verachtet. (Die gingen dann auch später in die Politik oder wurden Wirtschaftsbosse und sollten sich vierzig Jahre später, nach dem Endsieg der Neocons, bitter für die Schmach der frühen Jahre rächen.)

Sicher gab es Eifersüchteleien, Eitelkeiten, Hahnenkämpfe, aber die Grundstimmung ließ uns zusammenstehen gegen eine Welt spießiger und erfolgsorientierter Erwachsener, gegen eine engstirnige, graue Welt des stumpfen Konsumierens, der wir Phantasie und Kreativität entgegensetzen wollten.

Diese Revolte musste zerschlagen werden, das konnte auf Dauer nicht gut gehen, hier kann der Homo oeconomicus keine Ruhe geben, da musste er sich was einfallen lassen.

Heute kann er sich zurücklehnen.

An dieser Jugend lässt sich gut verdienen.

Bei einem Gespräch mit Jugendlichen während der Pazifismustage 2006 in Tübingen versuchte ich im Vollgefühl meiner Fähigkeit mitreißen zu können, einigen Gymnasiasten die Lust an der Rebellion zu vermitteln – und scheiterte kläglich.

Die Antwort eines jungen Mannes, der sich ja immerhin schon dadurch auszeichnete, dass er das seltene Bedürfnis verspürte, am Sonntagvormittag mit ein paar alten Säcken über Pazifismus zu diskutieren, war cool und ernüchternd.

»Immer versuchen Leute Ihrer Generation uns zur Rebellion anzustacheln.«

Wie peinlich, glaubte ich doch wahrhaftig, ich sei der Erste, der ihn zu ketzerischen Gedanken aufrief.

»Das klingt ja auch gar nicht so schlecht, aber wir wissen einfach nicht, gegen was wir rebellieren sollen.«

Das saß. Kurzfristig dachte ich daran, mich nun doch für den Rest meines Lebens in einem Elfenbeinturm zu verbarrikadieren, schwer verdauliche Gedichte über die Sinnlosigkeit des Daseins zu verfassen, mit den Mächtigen zu heulen und mich im Gegenzug mit Preisen beschenken zu lassen. Vielleicht bin ich einfach stehen geblieben mit meinen Ansichten über Gerechtigkeit und Krieg, über eine Gesellschaft, der es ja anscheinend so gut geht, dass sie gar nicht mehr auf den Gedanken kommt, irgendetwas ändern zu wollen.

Ich war verwirrt, getroffen und – beleidigt.

Und doch will ich weiterhin glauben, dass diese Jugend und mich das Gleiche bewegt: Die Sehnsucht nach Veränderung und Liebe, nach großen Taten und Mitgefühl.

Aus unserem Genueser Partyraum wurden wir schon nach einer Nacht auf die Straße gesetzt, ebenso kommentarlos wie man uns eingesperrt hatte.

Von zwei englischen Blues-Brothers erfuhr ich, dass die Spanische Treppe in Rom das Eldorado aller Straßenmusiker sei und man sich dort prächtig durchschlagen könne. Wir verabredeten uns dort für die nächsten Tage und machten uns getrennt per Anhalter auf den Weg.

Auf meinem Weg nach Rom geriet ich an einen Irren.

Er brüllte fast durchgehend in einem mir völlig unverständlichen Dialekt auf mich ein und hatte seine Hände fast nie am Steuer, da er sie zum Gestikulieren brauchte. Erst gegen Ende der Fahrt kam ich drauf, dass er mir wohl die Schönheiten Roms anpreisen wollte, während er willkürlich mal voll bremste, mal voll Gas gab, sein Gesicht minutenlang zu mir wandte, um mich noch dezidierter anschreien zu können, ab und an voller Begeisterung die Hände über dem Kopf zusammenschlug, die Augen verdrehte oder sich vor Lachen auf die Schenkel klopfte.

Ich machte gute Miene zum bösen Spiel, lächelte ihn ab und zu an und betete stumm: »Lieber Gott, lass mich lebend aus diesem Auto steigen.«

Es war ein kleiner Fiat Cinquecento und mein Fahrer zwei Zentner schwer und zwei Meter groß.

Er war, dessen war ich mir sicher, gerade aus einer Nervenheilanstalt ausgebrochen, hatte das Auto eines Pflegers gestohlen, dem er, ebenso wie den beiden Pförtnern der Klinik, den Hals mit bloßen Händen umgedreht hatte, und ich zermarterte mir das Hirn nach einer Methode, ihn ruhig zu stellen und an seinem vierten Mord zu hindern.

Dann kam mir der rettende Einfall!

In eine der seltenen klitzekleinen Pausen hinein, die er zum Luftholen benötigte, sang ich, Begeisterung heuchelnd, mit glockenklarem Tenor:

»Fontana di Trevi!«

Er erstarrte, blickte ungläubig auf meine Seite, und ein befreites Lachen machte sich, von den Mundwinkeln aus, im ganzen Gesicht breit, erreichte die Schultern und den gigantischen Bauch, setzte sich unglücklicherweise in den Beinen fort, was enorme Auswirkungen auf das Beschleunigungs- und Bremsverhalten hatte, und dann öffnete er seinen scheunentorgroßen Mund, wurde auf einmal völlig ruhig und sang fast gelassen und mit samtweicher Stimme die gleichen Worte mit meiner Melodie:

»Fontana di Trevi!«

Dabei verschluckte er nach Art der Römer das »di«.

Ich konnte mich problemlos in die Lage einer Frau versetzen, die es gerade geschafft hatte, einen Peiniger mit gutem Zureden von der Sinnlosigkeit seines Tuns zu überzeugen.

Ich hatte die stille und zärtliche Seite meines Irren entdeckt, und wie so oft war es der Zauber der Musik, dem ich die wundersame Rettung aus einer verzweifelten Situation zu verdanken hatte.

Mein Leben hing nun von meinem Wissen um weitere Sehenswürdigkeiten Roms ab. Ich durfte keine Sekunde mehr zögern, sein Lauern begann schon in Misstrauen umzuschlagen.

»Piazza di Spagna!«

»Piazza Spagna!«, antwortete er einen Halbton höher, als ich vorgegeben hatte.

Die nächste Katastrophe drohte.

Er hatte einen deutlich höheren Tenor als ich, und ich konnte blitzschnell überschlagen, dass mir, sollte er darauf bestehen, im Halbtonschritt fortzufahren, schon nach einer kleinen Terz, also gerade mal nach drei weiteren Sehenswürdigkeiten, die Stimme versagen würde.

Ich versuchte mit einem schmutzigen Trick mein Leben zu retten.

Ich setzte »Colosseo« eine Oktave tiefer an.

Keine Chance.

Er beharrte auf der alten Tonhöhe und machte auf mich den Eindruck eines zornigen Dreijährigen, dem man sein Sandschäufelchen weggenommen hatte.

Nur dass er die Statur eines Profi-Ringers hatte.

Ich schmetterte »Piazza Navona« und dachte über eine Blitzkastration nach, um mir ein paar Oktaven mehr zu sichern, als er wie von der Viper gebissen verstummte, sich am Lenkrad festkrallte und kommentarlos auf die Straße starrte.

Dann hielt er am nächsten Rastplatz, öffnete – immer noch schweigend – meine Türe und bedeutete mir auszusteigen.

Es regnete und ich stand wie ein begossener Pudel auf der Straße. Ich werde nie erfahren, was der Auslöser für seinen Stimmungsumschwung war. Hatte ich mit der Piazza Navona einen wunden Punkt seiner Biographie berührt? War er von Mussolinis Schergen dort gedemütigt worden und musste dem Duce öffentlich die Füße küssen? Oder wurde er einfach wieder von den Außerirdischen, die in einem Vorort von Rom gerade ihr unsichtbares Raumschiff geparkt hatten, zurückgerufen, weil sie dort ihre grausamen Experimente mit ihm fortführen wollten?

Piazza di Spagna – durchnässt, hungrig und übermüdet kam ich am Fuße der weltberühmten Treppe an.

Auch wenn ich Rom schon einige Tage später wieder verlassen musste, da sich zu viele Straßensänger um die Gunst der Römer gestritten hatten – noch immer steigen die Göttinnen Roms herab zu mir, voll von Welle und Gischt und nur mich im Visier, und noch immer habe ich die ganze Stadt, das ganze rötliche Rom »in meiner Schenkelgewalt«.

Ich habe diese Zeilen schon damals skizziert. Erst viel später ist das Lied »Ich lebe immer am Strand« entstanden, für das ich eine Zeile von Gottfried Benn geklaut habe:

»Und die Dirnen der Stadt betten mich abends ein.
Ihre herrlichen Körper brechen auf mich herein.
Und aus den Ruinen strömen die Diebe zum Meer.
Aufruhr flammt auf, sie entbinden ein Aufwieglerheer.

Das ganze rötliche Rom halten die Diebe besetzt.
Die Wölfin schaudert sich und weitet die Augen
entsetzt.
Du, ich lebe immer am Strand unter dem Blütenfall
des Meeres ...«

Vierzig Jahre später, nach unzähligen Besuchen der Heiligen Stadt, war ich mit meiner Familie wieder in Rom und versuchte mit meinen sechs und acht Jahre alten Söhnen meine Jugend wiederzuentdecken.

Aber wir machten einen entscheidenden strategischen Fehler: Wir wollten Rom von der falschen Seite aus erobern. Von der Piazza Trinita dei Monti, von oben aus der Luxusetage herabsteigend, ist das Herz dieser Stadt nicht zu gewinnen. Und zwei abenteuergierigen Buben muss man diese schönste aller Städte und die Spanische Treppe inklusive meiner Geschichte unbedingt anders nahebringen.

Von der Piazza di Spagna aus natürlich, von unten muss man kommen, wie immer im Leben nicht von oben herab, nicht huldvoll und von einem livrierten Hoteldiener aus dem Luxusghetto verabschiedet, der Stadt und ihrem morgendlichen Trubel entgegenschreitend, nein, man muss die Treppen rasend und schnaubend im Sturm nehmen, um dann erst, die Villa Hassler verachtend, den Blick Richtung Ostia dem Meer zugewandt, Rom in sich aufzusaugen.

»Alle Träume meiner Jugend seh' ich nun lebendig!«, rief Goethe aus, und immer wieder lass auch ich mich aufs Neue begeistern. Nun musste ich allerdings ernüchtert feststellen, dass ich anscheinend nicht in der Lage war, diese Begeisterung meinen Söhnen mitzuteilen.

Gegen den neuen Gameboy hatte ich keine Chance, und der Kleine hatte sich gerade in den Kopf gesetzt, mir eine Horrorgeschichte zu erzählen, die ich in diesem erhabenen Moment nicht hören wollte.

Ich will gerecht sein – es gab vieles in den folgenden Tagen, was sie beeindruckt hatte. Kirchen und Brunnen, Spielzeuggeschäfte und fliegende Händler, und vor allem natürlich Gelato, wobei sie bis heute überzeugt sind, das römische Eis schmecke bedeutend großstädtischer und besser als das toskanische.

Nun muss es ja nicht unbedingt der Vater sein, der ihnen diese Liebe zu den Ursprüngen unserer Kultur ins Herz pflanzt.

Aber wenn er's halt so gerne wäre!

Und ich hätte halt so gerne geteilt in diesem Moment auf der Spanischen Treppe, meine Sehnsucht, meine Liebe, meine Erinnerung. Und meine fast unerträgliche Sentimentalität.

Und genau in diesem Punkt sind Kinder unerbittlich. Sie haben ein gutes Gespür für weinerliche Empfindungen, denken nicht daran, aus Höflichkeit unechte Gefühle zu teilen. Ich ließ sie auf der Treppe spielen, setzte mich auf die Mauer und überließ mich meinen wehmütigen Betrachtungen. Wir waren, wie so oft, in verschiedenen Welten. Meine war eindeutig trister und weinerlicher.

Mich überwältigte mit Urgewalt die Tristesse des Alterns in Anbetracht der Ewigen Stadt, der eigenen Jugenderinnerungen und der eigenen Kinder.

Bis dahin war ich jung gewesen.

Nun packte mich die Vergänglichkeit.

Von einer Sekunde zur anderen, ohne Vorwarnung und

ohne ersichtlichen Grund, war ich ein alter Mann geworden.

So alt wie ich nun mal bin.

Was muss man sich nicht alles anhören über die Segnungen des Alters, die angebliche Ruhe und Weisheit, die man nicht eintauschen möchte gegen die verwirrten Gefühle der Jugend. Wie viel Banalitäten alternder Stars muss man sich gefallen lassen; Frauen wie Männer, die angeblich mit sechzig erst wirklich sexy sind, deren wahre Schönheit nur von Falten erzeugt wird und die sich trotzdem alles, was nach Alter aussieht, von sogenannten Ärzten wegschnipseln lassen.

Die 50-Plus-Beilagen der Tageszeitungen landen bei mir als Erstes im Papierkorb, wie gut gemeint sie auch sein mögen. Sie handeln meistens nicht vom Alter, sondern vom käuflichen und sehr exklusiven Traum der ewigen Jugend.

Doch, Hand aufs Herz, alles Schönreden und Schönoperieren, Schönschminken und Fettabsaugen, alles Lebenverlängern und Jugendvortäuschen hilft nichts. Alles Camouflage: Altern ist eine Katastrophe!

Nicht die sich ins Unermessliche steigernden Zipperlein sind das Problem, nicht das geflissentliche Übersehenwerden von fast allen Objekten der Begierde, nicht das immer weniger abzuleugnende, geradezu penetrante Ablaufen einer Lebensuhr, die einem von Stunde zu Stunde unverschämter erscheint, nein, es ist diese wachsende Unfähigkeit, das Leben zu ergreifen, wirkliche Freude an Neuem zu empfinden, das Unvermögen, Realitäten zu zertrümmern, den Himmel auf die Erde zu holen, Utopien zu verwirklichen, sich selbst zu spüren und nicht ausschließlich seine körperlichen Unzulänglichkeiten. Und am schlimmsten: nicht mehr mit diesem herrlichen Urvertrauen spielen zu können, unendlich viel Zeit zu haben.

Vielleicht gelingt das alles nicht allen Jugendlichen, aber sie hätten wenigstens das Potenzial dazu. Und ist nicht das ganze Universum ausschließlich auf Potenzialität aufgebaut? Auf der Möglichkeit einiger Quanten, die in einem unvorstellbar großen Nichts eventuell aufeinandertreffen?

Natürlich könnte ich jetzt ein paar Nebenschauplätze eröffnen und von den seltenen Momenten erzählen, die einen auch im Alter mit dem Leben verbrüdern. Aber bei eindringlicher Betrachtung der Sachlage bleibt doch nur die bittere Erkenntnis: Der Freund des Alters ist nicht mehr das Leben, sondern zunehmend der Tod.

Ab einem gewissen Punkt scheitert jeder am Leben, ob man nun ein reiches Leben hatte oder ein armes, ob man glücklich war oder schmerzbeladen, ob man erfüllt war oder frustriert, oberflächlich oder tiefschürfend – wir sind sozusagen von Geburt an zum Scheitern verurteilt. Denn das Leben ist von Anfang an auf den Tod hin ausgerichtet. Er ist seine Erfüllung.

Aber keine Niederlage ist so fruchtbar wie diese, keine Erkenntnis so weltbewegend, wenn man sie nicht verdrängt, wenn man sich ihr stellt, wenn man sie zulässt. Altern ist nur dann eine Niederlage, wenn man ein unrealistisches Menschenbild hat.

Unerlässlich für diesen letzten großen Schritt der Wandlung ist unbedingte Neugier, Hingabe, Mut zum Chaos und zur Verzweiflung, Lust am Verlassen ausgetretener Pfade, Bereitschaft, gefährlich zu leben, und vor allem: nicht alte Vergnügungen wieder aufzuwärmen. Denn das Erlebte einfach zu wiederholen, in der Hoffnung, dasselbe Glück dabei zu empfinden, ist nichts als ein Aufguss, der von Mal zu Mal geschmackloser wird.

Alles selbstverständlich für die Jugend. Und so schwer zu erarbeiten im Alter.

Ich sah meinen Söhnen zu, die so versunken miteinander spielten, dass das Rad der Zeit wie von einer göttlichen Handbewegung für sie angehalten schien.

Das ist es, sagte ich mir. Das ist die Lösung: spielend und spielerisch aus der Zeit auszusteigen.

Ich setzte mich zu meinen Buben, die mich gar nicht bemerkten vor lauter Lachen und Toben, und schalt mich einen großen Narren. Gerade noch wollte ich ihnen meine wehmütigen Erinnerungen ans Herz legen und mit großen Worten die Welt erklären – nun zeigten sie mir, wie man sich wieder in ihr zurechtfindet.

meister eckhart und erster knast

Bis jetzt alles ganz gut gelaufen,
die Befunde meistens positiv.
Eben immer grade noch drum herumgekommen.
Irgendwann wird sich das ändern.
Die Rosen werden weiterhin den Damen
an die Bluse geheftet,
und der Sommer wird wie immer den Schwalben zusehen.
Nur dieser Wecker
wird nicht mehr mit der Zunge schnalzen
und sehr ratlos sein.

(1977)

»Gott gibt nichts so gerne wie große Gabe. Ja, Gott vergibt sogar lieber große Sünden als kleine. Und je größer sie sind, umso lieber und schneller vergibt er sie.« – Diesen Satz Meister Eckharts hat mir meine Mutter zu meinem achtzehnten Geburtstag in den Knast geschickt. Ich werde ihr diesen Trost, der mein weiteres Leben begleiten sollte, nie vergessen, auch nicht, dass sie mich wie eine Löwin verteidigt hat im Viertel, dass sie sich wie Jeanne d'Arc mit einem Flammenschwert vor ihren Sohn stellte gegen die hämische Spießerbande unserer Nachbarschaft.

»Haben Sie's schon gehört, Frau Wecker, Ihr Sohn ist in Norddeutschland verhaftet worden.«

Blöde, hinterfotzige Frage. Natürlich hatte sie es schon gehört!

»Sohn weg, Geld weg, Schlüssel weg«, stand in der Bild-Zeitung. Meine erste Schlagzeile. Damals war ich noch Konstantin W., der Nachname wurde gekürzt, um den Jugendlichen zu schützen. Meine Eltern sind am Abend vorher benachrichtigt worden, nachdem sie sich zwei Wochen lang schreckliche Sorgen um ihren Sohn gemacht hatten.

»Wo er doch so ein höflicher junger Mann war. Wer hätte gedacht, dass der zum Verbrecher wird. Das muss der schlechte Einfluss der anderen sein.«

»Was heißt hier Verbrecher, das war ein dummer Jungenstreich, sonst nichts«, konterte meine Mutter.

»Ja, aber, der kommt doch jetzt ins Zuchthaus, der Bub!«

»Der Bub kommt nicht ins Zuchthaus, der kommt bald wieder heim, und jetzt kümmern Sie sich lieber um Ihre eigenen Angelegenheiten.«

Meine Mutter wollte es sich nicht ganz verderben mit den Nachbarinnen, deshalb lenkte sie doch meistens wieder ein.

Jetzt, nach ihrem Tod, erzählte mir mein Schulfreund Christoph, wie sehr er und die anderen aus dem Lehel sie damals verehrten für die rebellische Treue zu ihrem Sohn.

Wir waren schon ein tolles Team, Mutter und ich, auch wenn wir uns so oft gestritten haben, auch wenn ich nie mehr wieder einen Menschen so anbrüllen werde wie sie. Sie verlieh mir den aufrechten Gang, und gerade dass wir uns nicht mehr streiten können, fehlt mir schon sehr.

Meinen achtzehnten Geburtstag verbrachte ich also in Hannover im Knast, zusammen mit einem Totschläger und einem Versicherungsbetrüger.

Wir waren auf Schub, das heißt, man wird von einem Gefängnis der Republik ins nächste verfrachtet, mit einem dieser engen und vergitterten Knastbusse. Je nach Route kann man es von Norddeutschland bis Bayern in drei bis vier Wochen schaffen. Mir kam es so vor, als hätten wir damals keinen einzigen Knast in Deutschland ausgelassen.

Die Mitgefangenen kommen und gehen, manchmal schließt man sogar Freundschaften in den paar Stunden in diesen stickigen, unvorstellbar engen Zellen im Bus, vier Mann fast aufeinanderhockend, durstig, aggressiv und sehr traurig. Jeder verbirgt seinen Schmerz, so gut er kann, aber er ist uns anzumerken, hinter jeder noch so coolen Geste versteckt er sich. Wir waren ja Jugendliche, Ersttäter meistens, grenzenlos verwirrt von dieser plötzlichen Realität des Eingesperrtseins.

Wir wurden getrennt von den Großen, den Profis, nur ab und an ließ es sich wohl nicht vermeiden, uns einen Erwachsenen hinzuzugesellen. Wir blickten bewundernd zu ihm auf, ängstlich darauf bedacht, keinen falschen Satz zu sagen, mit jeder Bewegung auf lässig zu machen. Natürlich wollten wir ihm seine Geschichte entlocken, und vor allem waren wir begierig darauf, unsere Geschichte zu erzählen.

Die meisten hatten ja ihre Verhandlung noch vor sich, jeder lechzte danach, bestätigt zu bekommen, dass sein Fall doch gar nicht so dramatisch sei, dass er sicher auf Bewährung rauskommen werde.

Gleichzeitig durfte die eigene Tat nicht zu unbedeutend erscheinen, musste kräftig aufgemotzt werden.

Meine Story war auch ohne allzu großes Tuning so, dass ich sie immer wieder erzählen durfte.

Wie ich beschlossen hatte, nach so vielen erfolglosen Ausreißversuchen endlich Ernst zu machen, denn diesmal musste es endgültig sein, keine Kompromisse mehr, absolute Freiheit! Wie ich nachts mit einem Klassenkameraden, der den Schlüssel zum Safe seines Vaters, des Direktors der Rennbahn, vom Nachttisch geklaut hatte, in den Kellerraum der Villa eingestiegen war, wir dort das Wechselgeld für das sonntägliche Rennen entwendeten und die dreißigtausend Mark, alles in kleinen Scheinen, in zwei Koffer stopften und prustend und lachend losrannten.

Die Scheinwerfer des Rennbahngeländes verfolgten uns, wir dachten, uns verstecken zu müssen, obwohl uns da noch keiner suchte, aber das gehörte zum Spiel, denn nichts anderes war es als ein Spiel. Plötzlich fiel mir ein Koffer aus der Hand, er brach auf, wir mussten die Scheine wieder einsammeln, der Koffer ließ sich nicht mehr schließen, wir banden ihn mit dem Gürtel einer Hose zu.

Ein riesiges Stoppelfeld galt es zu überwinden, immer wieder glaubten wir Polizeisirenen auszumachen, kein Fluchtwagen stand bereit, wir hatten ja beide keinen Führerschein, einfach nur weg, Taxi, Bahnhof, weite Welt.

Das Kleingeld versteckten wir in einem verlassenen Turm des Geländes, für Notzeiten, aber keiner dachte an Not. So viel Geld, ach Gott, das reicht bis zum Ende aller Zeiten, nur noch dichten und jeder Tag ein Sommertag!

Wir hatten uns gar nicht bemüht, die Tat zu vertuschen, wir haben sozusagen unsere Visitenkarten hinterlassen, sollten sie doch wissen, wer das getan hat, uns kann keiner was, wir haben uns nur genommen, was uns die Gesellschaft verweigert hat.

All diese Verlockungen, denen wir täglich ausgesetzt waren, sollten nun auch von uns genossen werden.

Sollten sie uns doch finden. Kriegen werden sie uns nie.

Nach drei Wochen stand ich völlig abgebrannt an der Autobahn im hohen Norden und wollte zurück in den Süden. Zur Mami.

Manchmal frage ich mich, ob ich damals wirklich siebzehn Jahre alt war oder nicht doch sieben.

Es klingt wie eine faule Entschuldigung, aber ich denke heute, ich war damals strafunmündig. Ich lebte noch so sehr in meiner eigenen Welt, dass ich erst mit dem Zuschlagen der Zellentür im Verdener Gefängnis begriff, dass es außerhalb dieser Welt noch eine andere gab.

Eine grausame Welt, in der man nicht immer wieder von liebevollen Armen aufgefangen wird, in der es nicht genügt, ein paar Arien zu singen, um sich in die Herzen aller Menschen zu katapultieren.

Eine Welt der Erwachsenen und ihrer Realität, eine geregelte Welt, in der Gesetze zählen, in der es Abmachungen gibt, die mit meiner Phantasie nicht zu vereinbaren waren.

Es gibt ein paar Augenblicke im Leben, die sich deshalb so einprägen, weil sie eine neue Epoche deiner Biographie einleiten.

Diese Momente kündigen sich nicht an, sie brechen wie ein Unwetter über dich herein, gerade wenn du besonders schutzlos bist und ohne Halt.

Manche Sätze klingen wie ein Donnerhall in deinem Leben nach, manche Blicke wirst du nie mehr los. In diesem Fall war es ein krachendes, metallenes Geräusch, das mich jäh und ohne Chance auf Rückkehr aus der Kindheit riss.

Nicht die Pubertät, nicht mein erstes Liebesabenteuer, nicht der Stimmbruch waren es. Das Geräusch einer zuschlagenden Tür sollte mein Leben verwandeln und die bisherige, durchaus erträgliche Leichtigkeit meines Seins zu Boden werfen.

Es war dieser glühend heiße Sommer 1966! Wir fuhren im Gefängnisbus vorbei an Badeseen und satten Wiesen, verzauberten Wäldern, gut bestellten Äckern und Sonnenblumenfeldern, vorbei an jubelnd johlenden Kindern auf Fahrrädern, und ich beschloss, wenn ich hier jemals wieder rauskommen würde, ein Leben als Landarbeiter zu führen.

Am liebsten als Müllersgeselle, denn mir ging und ging die Schöne Müllerin nicht aus dem Kopf:

»Und der Meister sagt zu allen:
Euer Werk hat mir gefallen;
Und das liebe Mädchen sagt
Allen eine gute Nacht.«

Ich vermisste mein Klavier, die Gesangsstunden mit meinem Vater, der Schubert so unvergleichlich zärtlich singen konnte. Und erste Zweifel an meiner Karriere als Vagabund und Gangster begannen sich zu rühren. Meine Unfehlbarkeit bröckelte.

»Die lassen mich doch gleich wieder raus, wenn ich in München bin. Ich hab einen festen Wohnsitz, meine Eltern halten sicher zu mir!«

Der Erwachsene gehörte zur fiesen Sorte:

»Bild dir mal bloß keine Schwachheiten ein. Dreißigtausend Mark, da muss eine alte Frau lange dafür stricken. Bei einem Bankraub wird meistens nicht mehr als ein paar Tausend Mark Beute gemacht.«

So was Ähnliches hatte mir der Untersuchungsrichter kurz nach meiner Verhaftung auch erzählt. Es lief an mir vorbei, ich war noch zu benommen.

Aber jetzt, ein paar Tage später und in der Gemeinschaft der wahren Fachleute, krallte sich die Angst in mir fest und ließ mich nicht mehr los.

»Was glaubst denn du«, sagte der Nächste, »das ist ein Kapitalverbrechen. Bei der Summe, da kriegst du sicher zehn Jahre!«

Diese phantastische Zahl wurde nur noch überboten von meinem Vater, der mich bei seinem ersten Besuch in München völlig verstört fragte, ob man denn für so was auch lebenslänglich bekommen könne. (Das letzte Mal, als er mit der Justiz zu tun hatte, war bei den Nazis, und da war lebenslänglich noch eine milde Strafe.)

Obwohl ich hinsichtlich meiner zu erwartenden Strafe sehr verunsichert war, konnte ich meinen Vater doch beruhigen.

»Lebenslänglich wäre etwas übertrieben«, tröstete ich ihn und hielt seine Hand fest.

»Was auch passiert, ich werde dir nie einen Vorwurf machen für das, was du getan hast. Wir wollen es ganz schnell vergessen und sehen, wie wir dich hier rausbekommen. Und eines sollst du dir merken: Ich bin schon immer der Meinung gewesen, dass zwischen Künstler und Verbrecher nur ein kleiner Unterschied besteht. Wie es aussieht, taugst du nicht zum Verbrecher. Ich würd's ab jetzt als Künstler versuchen.«

Er hat meinen Diebstahl nie mehr angesprochen, mir nie einen Vorwurf gemacht, sich nie beklagt über das, was ich ihm und meiner Mutter angetan hatte. Ich wünsche mir, meinen Söhnen ein ebenso guter Vater zu sein.

Mein Aufenthalt in Stadelheim war richtungweisend für mein weiteres Leben. Nicht nur, weil er das Ende meiner Kindheit bedeutete, sondern weil er mich zum Reflektieren zwang.

Es gab auch damals schon diese paradoxen, unbeschreiblichen Momente der Schönheit, ähnlich denen, die ich dreißig Jahre später erleben sollte. In genau demselben Gefängnis.

Gerade im Gefängnis erlebte ich Augenblicke größter Freiheit. Diese Erkenntnis überfiel mich damals so unvorbereitet, dass ich sie zuerst nicht wahrhaben wollte.

Auch diese Minuten sind wieder so ein biographischer Paukenschlag, der unauslöschlich in mir nachhallen sollte, und ich erinnere mich, selten genug, an jede Einzelheit.

Wir waren vom Arbeitsraum zurückgekehrt, in dem wir Prospekte für eine Versandfirma einzutüten hatten, und ich war sehr erzürnt. Ein Wärter hatte das mir so kostbare und für wertvollsten Tabak eingetauschte Papier mit meinen Tagebuchnotizen entdeckt. Er las einige Zeilen dieser sehr privaten und äußerst melancholischen Aufzeichnungen unter brüllendem Gelächter der Knastbrüder vor und zerfetzte sie genüsslich, als ich sie ihm aus der Hand reißen wollte.

Er konnte mich nicht ausstehen, den »Studenten«, wie er mich abfällig bezeichnete, und meinen Knastgenossen war ich, so sehr ich mich anfänglich um ihre Gunst bemühte, auch nicht sympathisch.

Ich fühlte mich gedemütigt und der einzigen Werte beraubt, die ich mir in dieser prosaischen Parallelwelt erhalten hatte: meiner Gedanken und meiner Poesie.

Zurück in meiner Zelle sank ich auf meine Pritsche und haderte mit dem Schicksal. Meine Verzweiflung ließ sich nicht in Worte fassen, und alle möglichen Ängste stürmten wie plötzlich losgebunden auf mich ein.

Der vergitterte Mond besuchte mich in meiner Zelle und wie üblich, Schlag neun Uhr, wurde das Licht ausgeschaltet. Stimmen des Unmuts über diese Bevormundung wurden laut, das war fast jeden Abend so, aber normalerweise ebbten die unflätigen Beschimpfungen bald wieder ab.

An diesem Abend aber lag etwas anderes in der Luft, ein Hauch von Revolution beseelte den Neubau von Stadelheim. Die Rufe nach Licht wurden lauter, im Stockwerk unter mir begannen sie auf die Blechnäpfe zu schlagen, und schon nach kurzer Zeit war ein Gebrüll und Geklapper, Gejohle und Pfeifen im Gang, das mich aus meiner Schwermut riss und erregte. In dieser Form hatte ich den geballten Unmut Hunderter Gefangener noch nie erlebt. Das beflügelte die ungeheuerlichsten Phantasien, da begannen sich Bilder aufzutürmen von berstenden Mauern und wilden Horden Flüchtender, ich mittendrin, gewalttätig, zum Brandschatzen bereit, ein Aufstand nur noch der Französischen Revolution vergleichbar, einzig angezettelt, um mich auf flammenspeienden Pferden in die Freiheit zu entlassen.

Und erst, als brennende Klopapierrollen und Handtücher in den Hof geworfen wurden, hörte man hektisches Schlüsselgerassel, herrisches Wärtergebrüll, und schon nach wenigen Minuten war der Spuk beendet, unvermittelt, wie er begonnen hatte.

Ich hatte mich nicht vom Bett bewegt und war dennoch schweißnass, meine Phantasie war derart entzündet worden, dass ich glaubte, all meine Träume körperlich durchlebt zu haben.

Am liebsten hätte ich die Marseillaise angestimmt, aber das schien mir dann doch fehl am Platz. Also ergab ich mich lautlos der Konterrevolution und lächelte dem Wärter hochmütig zu, als er seinen roten Kopf durch die falltürartige Kostklappe steckte, um nach dem Rechten zu sehen.

»Die perfekte Guillotine«, murmelte ich, und dann schloss ich die Augen, um seinen Kopf besser rollen zu sehen.

Und mit einem Mal war mir sehr leicht und wohlig im ganzen Körper zu Mute, eine süße Wärme durchflutete mich von den Füßen ausgehend bis in den Kopf, und ich erlebte zum ersten Mal in meinem Leben bewusst das Gefühl der Freiheit.

Das hatte ich jahrelang gesucht mit meinen Fluchtversuchen und all meinen törichten Taten: bar aller Hoffnung, allen Besitzes, selbst bar aller Wünsche und Träume frei zu sein.

Selbst wenn mich jetzt ein schwarzer Ritter in die Freiheit hätte entführen wollen, selbst wenn die Mauern geschleift, die Zellen geöffnet und alle Wege nach draußen geebnet worden wären – ich wäre geblieben, denn freier wäre ich nie mehr geworden. Was konnte mir noch passieren?

Man konnte mir nichts mehr wegnehmen, denn ich besaß nichts mehr. Ich war in diesem Moment keine Person mehr, ich hatte kein Ich mehr, das es zu verteidigen galt, ich brauchte nicht mehr um Liebe buhlen, denn es war niemand da, von dem geliebt zu werden ich begehrt hätte.

Am nächsten Morgen bezog ein neuer Zellennachbar sein Quartier. In meinem ersten Roman »Uferlos« habe ich ihm ein Denkmal gesetzt:

Punkte heißt Punkte, weil er so klein ist wie ein Punkt.

Hat er mir erzählt. Und damals wenigstens war er so breit wie hoch, nicht dick, durchtrainiert, mit mächtigen Schultern. Punkte war der gefürchtetste Fighter in Block A.

Und er war mein Zellennachbar. Später stand ich unter seinem Schutz, aber anfangs hatte ich nur Ärger im Knast. Der Zigeuner spuckte mir nämlich immer ins Essen, bevor er mir die Schüssel durch die Kostklappe schob, und ich war viel zu verschüchtert, um mich zu wehren. Speziell mittwochs, Mittwochabend, wenn's Dampfnudeln gab, die einen fast so großen Handelswert hatten wie Tabak, mit Vorliebe am Mittwochabend spuckte mir der Zigeuner ins Essen, und ich war dann eine lange Nacht lang allein mit meinem Selbstmitleid, meinen Ängsten und diesen sechs Quadratmetern Wohnklo, wo sich der Mond immer in kleinen Karos an der Wand brach. Wenn er voll war natürlich und der Himmel wolkenlos.

Aber das änderte sich, denn Punkte mochte mich. Weiß der Himmel, warum gerade mich, aber eines Tages klopfte er an meine Wand, und da ich dieses Signal nicht verstand, flüsterte er mir beim Hofgang zu, ich solle mit ihm mal telefonieren. Natürlich verwirrte mich das zuerst, bis ich mich nach einigen Recherchen an die Aufbereitung einer freien Leitung machte: Man erzeuge mit seinem, am besten nackten, Hintern ein Vakuum in der Kloschüssel, indem man versuche, durch rasches Auf und Nieder das restliche Wasser aus dem Rohr zu pressen. Sodann stecke man seinen Kopf so tief wie möglich ins Scheißhaus, wähle seinen Gesprächspartner, der sich natürlich im Anschlussbereich des Abflussrohres befinden muss, beende sein Gespräch sofort, sobald ein Ranghöherer zu telefonieren wünscht, was meistens durch ein knappes »Aus der Leitung, du Arsch« angekündigt wird. Seinen Kopf ins Klo zu stecken konnte mit Bunker bis zu drei Tagen bestraft werden. Da man allerdings in dieser Umgebung schon bald seinen Kopf verlor, war es auch egal, wo man ihn hinsteckte, und so wurde für Punkte und mich das Telefonieren zum unersetzlichen Seelentrost. Wir vertrauten uns unsere Lebensgeschichte an, unsere Lieben, unsere Unschuld und natürlich unser Leid.

Ich lernte auf diese Weise seine Huren und seine Berufung kennen, seine Fußtritte gegen Nasen und Nieren jagten mir den Schauer über den Rücken, den Intellektuelle ab und zu brauchen, um sich mitten im Leben meinen zu können.

Punktes Vita vermischte sich mit meiner, ich sah mich schon mit Rolex und bodenlangem Nerz ganze Straßenzeilen abkassieren, ich lebte in diesen Stunden, meistens in einem nicht sehr komfortablen WC, mein vergangenes und zukünftiges Leben neu.

Und eines Tages platzte er mit seiner Liebe zur Operette raus. Er konnte wohl nicht mehr an sich halten, hatte sich diese etwas anachronistische Vorliebe jahrelang verschämt in seinem Herzen bewahrt, aber jetzt musste es raus, das war Kindheit und Heimat und die Sehnsucht eines zur Härte geprügelten weichen Mannes, und plötzlich, mitten im Gespräch, schmetterte ein dunkles, warmes »Machen wir's den Schwalben nach« durch alle Abflussrohre und Klos dieser Verwahranstalt, und einem Haufen harter Burschen wurde wieder einmal bitter deutlich, wie fragwürdig es war, sich hier ein Nest zu bauen.

In diesem Moment wusste ich ganz genau: Ich würde mit diesem Mann Duette singen, hier und jeden Abend und überall in dieser verrohten Welt, wir würden nichts mehr tun als singen, die Mauern niedersingen und auf den Melodien hinausreiten in die Stadt und mit unseren Stimmen alles niederbrennen, was Menschen einsperrt und knebelt.

Schon in derselben Nacht knoteten wir unsere Leintücher an das Gitter, das so hoch angebracht war, dass man gerade ein Stückchen Himmel zu Gesicht bekam, und setzten uns in diese Leintücher wie in eine Schaukel und sangen, ohne uns sehen zu können, jeder für sich, aber umso verbundener, alle Operetten, die jemals geschrieben wurden und jemals geschrieben werden können, in die Freiheit hinüber.

Machen wir's den Schwalben nach – und draußen hört

uns die Hofkatze zu, die wahrscheinlich immer noch auf dem Mäuerchen vor der Kapelle wartet, und der Mond wirft seine Karos an die Wand, und ich denke an daheim und an die Nester, die es noch zu bauen gilt, während sich mein Nachbar mit seinem wunderschönen Bariton nach draußen singt, so als gäbe es keine Karos und keine schlüsselbewaffneten Wärter und keine Richter und keine in viel zu hohe Gitter geknoteten Leintücher, sondern nur diesen warmen Gesang, an einem ganz normalen Sommerabend und aus tiefer Brust.

zum bänkelsänger geboren

Zwar: Da ist viel Ungereimtes,
und ich fand noch keine Normen,
meine Lieder und mein Leben
nach gemäßem Maß zu formen.

Viel zu viel kam mir dazwischen.
Wenn ich glaubte, ich sei richtig,
war mir eben neben einem
immer auch das andre wichtig.

Aber eines ist geblieben,
dass ich schreibe, was ich meine,
und so teil ich mich, ihr Lieben,
und bleib immerfort der eine.

(1984)

Meine Studentenzeit war eine Zeit der Abbrüche.
Klassischen Gesang studiert – abgebrochen. Dirigentenstudium – abgebrochen. Musikwissenschaft, Psychologie, Philosophie, Germanistik – abgebrochen.
Sosehr ich mich auch für ein Studium anfangs begeistern konnte – immer war dann doch wieder etwas anderes wichtiger, verlockender, neuer.
Einzig dem Klavierspielen blieb ich treu und dem Schreiben von Gedichten:

Ich bin zum Bänkelsänger geboren, zum Vagabunden.
Ich gehöre dem fahrenden Volk an, der Gattung der Rinnsteinpoeten, den Straßenmusikanten und den Kleinkünstlern.
Es dauerte ein paar Jahrzehnte, bis ich bereit war, das einzusehen. Andererseits ließ mir das viel freien Raum für Veränderung, Abschweifungen und Irrfahrten.
Auch wenn ich mich zwischendurch immer wieder mal in seriöseren Sparten versuchte – es war aussichtslos.
Meine Sprunghaftigkeit gehört zu mir wie meine Lust am Aussichtslosen und Unerreichbaren, vielleicht auch am Scheitern.
Eigentlich wollte ich das bis heute, bis zu diesem Moment, da ich es zu Papier bringe, in dieser Deutlichkeit

nicht wahrhaben. Aber wo ich früher noch glaubte, mein Leben der Kunst weihen zu müssen, begeistert mich heute der umgekehrte Gedanke: Die Kunst soll mir ins Leben helfen!

Natürlich wäre ich gerne mal mit einem klitzekleinen Gedicht in edler Reihe mit Großkünstlern in einer Lyrikanthologie aufgetaucht, und es hat mich oft geschmerzt, nicht zwischen den angebeteten Rilkes und Benns und Trakls und Kästners ein Plätzchen zu ergattern. Meine Gedichte sind eben immer nur Lieder.

Auch als Opernkomponist wäre ich gerne in der Musikgeschichte verewigt. Keine Chance. Wieder kann nun wirklich niemand anderes verantwortlich gemacht werden als ich. Ich hab eben keine Oper geschrieben. Hat den Vorteil, dass sie nicht von der Kritik zerrissen werden kann. Denn im Gegensatz zu den Aussagen vieler Kollegen muss ich zugeben, dass mich manche Verrisse höllisch schmerzen.

Vor allem, wenn sie gut geschrieben sind.

Aber das ist nicht der Grund für mein Versagen als potenzieller Opernkomponist. Schon während meines Studiums war meine Verehrung für Puccini so übermächtig, dass ich bis heute das Gefühl habe, alles was ich gern komponieren würde, hat er schon viel besser geschrieben.

Puccini hat mich gelähmt und meine Weltkarriere verhindert. Ich nehme es ihm nicht übel. Und liebe ihn bis heute heiß und innig.

In den Achtzigern wollte mich mal ein Kritiker kränken, der mir zuerst wohlgesonnen war und mich dann tief verachtete. Er schrieb von mir nur als dem singenden Klavierspieler, um die gehörige Distanz herzustellen zwischen der ehrenvollen Berufsbezeichnung Pianist und meiner Art, Klavier zu spielen.

Er hat erreicht, was er bewirken wollte. Ich habe mich damals sehr geärgert und ihm in Gedanken die wüstesten Beschimpfungen hinterhergeschickt.

Aber er hatte recht!

Von den technischen Fähigkeiten eines klassischen Pianisten bin ich weit entfernt, aber da steh ich doch nicht alleine da! Auch Jerry Lee Lewis, um nur ein Beispiel von so vielen zu nennen, ist nur ein Klavierspieler. Aber was für einer! Und ich denke, auch ich habe meine zehn Finger ganz gut auf das, was ich sagen will, eingerichtet. Bis jetzt konnte ich mich auf sie verlassen.

Meine Lieder wie mein Klavierspiel sind Momentaufnahmen, auf mich und meine Fähigkeiten zugeschnitten, weder perfekt noch geeignet, dem Kanon klassischen Liedguts hinzugefügt zu werden. Auch als Popsongs eignen sie sich eigentlich nicht, da sind sie dann doch wieder zu sperrig und zu wenig massentauglich. Sie existieren in einer eigentümlichen Zwischenwelt.

Trotzdem bin ich der Meinung, dass wir Bänkelsänger etwas zu sagen haben. Ich habe mich an Liedern meiner hochgeschätzten Kollegen wie Wader oder Degenhardt und vieler anderer, auch unbekannter junger Kollegen, genauso gefreut wie an der Winterreise und der Dichterliebe. Und sie bedeuten mir inhaltlich mehr.

Rockstar wollte ich nie werden, eigenartigerweise, obwohl ich den Rock and Roll doch so intensiv gelebt habe. Mit dem Verständnis für Dynamik in der Rockmusik konnte ich mich, außer als Hörer dieser Musik, nie anfreunden. Das lag wohl daran, dass ich nie die Gefahr aufkommen lassen wollte, man könnte meine Texte nicht deutlich verstehen.

Eher schon hätte mich die Wissenschaft gereizt. Ich

liebe es, Sachbücher zu lesen, interessiere mich brennend für physikalische Fragen und scheitere schon sehr bald an meiner Unwissenheit. Trotz mehrerer vergeblicher Versuche, Bücher wie »Relativitätstheorie für Vollidioten« zu verstehen, ist meine Liebe zur Physik ungebrochen. Aber zur Wissenschaft fehlen mir das Durchhaltevermögen, der Fleiß und vielleicht auch die spezielle Intelligenz.

Ebenfalls gescheitert bin ich als Sexstar, denn meine Sexfilmkarriere Anfang der Siebziger brach ich ab, als ich es zu anstrengend fand, Erregung vorzutäuschen in Situationen, die mich nur noch zum Lachen reizten.

Die Verbrecherlaufbahn? Man kann sagen, ich habe diese Karriere abgebrochen, eh sie richtig begonnen hatte – alles in allem sind das doch ideale Vorraussetzungen für einen Bänkelsänger Villon'schen Zuschnitts.

Mein Leben lang hatte ich das Gefühl, als kämpften zwei grundverschiedene Menschen um die Vorherrschaft in mir.

Eine sehr berühmte, sehr amerikanische Seher-Heiler-Engel-Channeling-Expertin, deren Foto unzählige einschlägige Bestseller ziert, versuchte mich mal auf der Astralebene zu reinigen. Sozusagen mit einer durchgeistigten Psychowurzelbürste.

Sie strich unter Zuckungen über meinen Ätherleib, was ich, da sie sehr attraktiv war, nicht ungern etwas weniger immateriell gespürt hätte, stoppte plötzlich verängstigt, als hätte sie den Leibhaftigen berührt, schüttelte den Kopf und erstarrte, die Augen verdrehend, in einer Unheil verheißenden Stellung.

Es fiel mir schwer, an mich zu halten, ich stand kurz vor einem Lachkrampf und war damals einfach zu arrogant, um mich dem Spektakel, und sei es nur, um das Spiel mitzuspielen, ganz hingeben zu können.

Ich wehrte mich, sicher aus einer nicht unvernünftigen Skepsis gegenüber Eso-Geschäftemacherei heraus, hatte aber erstaunlicherweise trotzdem das dumpfe Gefühl, mir dadurch eine vielleicht einmalige Chance zu vergeben, Unbekanntes über mich zu erfahren.

Nach einigen Minuten des Zögerns zwischen unterdrücktem Lachen und neugieriger, fast ängstlicher Erwartung, hob sie das Gesicht, lächelte mich wieder völlig entspannt an und sagte: »In dir kämpfen zwei Wesen. Ein Mönch und ein Krieger.«

Das war's.

Ich räumte meinen Platz für den nächsten Klienten, wunderte mich noch kurz darüber, überhaupt nichts bezahlen zu müssen, und machte mich daraufhin mit meinen Kumpels unter Schenkelklopfen über die Sitzung lustig.

Seltsamerweise ist mir die Szene bis heute plastischer in Erinnerung als vieles andere. Zweifellos kann man jedem erst mal auf den Kopf zusagen, in ihm wohnten ein Mönch und ein Krieger, und vielleicht trifft das auch auf fast jeden zu.

Und trotzdem hat sie in mir etwas angeregt dadurch, mir einen Anstoß gegeben, mir Gedanken zu machen über die in mir streitenden Personen, die sich oft so lautstarke Gefechte liefern und sich dummerweise manchmal für bedeutend wichtiger halten als mich, den Hausherrn.

Nur, wer ist dieser Hausherr eigentlich? Wer ist diese Person, der ich so beharrlich eine gewisse Kontinuität verleihen will, obwohl sie sich im Laufe der Jahrzehnte ganz und gar nicht kontinuierlich verhält?

Wenn ich alte Filme von mir sehe, dann ist dieser junge, faltenlose Mann mit seinem beneidenswert dichten Haarwuchs so weit entfernt von mir, dass es schwerfällt, mich mit ihm auch nur ein kleines bisschen zu identifizieren.

Wenn ich alte Schallplatten höre, erkenne ich die eigene Stimme nicht wieder. Von meinen Aufnahmen mit der Knabenstimme ganz zu schweigen.

Sind mir meine Kinder nicht viel ähnlicher als dieser Fremde aus einer vergangenen Welt?

Warum behaupte ich, das sei ich?

Weil mein Name unter dem Foto steht?

Weil ich Geheimnisse dieser Person weiß, die anderen verborgen sind?

Da kommen wir der Sache schon näher.

Es sind die Abgründe, die uns verbinden, diesen anderen, der meinen Namen trägt, und mich. Ganz bestimmt sind es nicht die Lügen, die man der Gesellschaft von sich auftischt. Die sind austauschbar, derer bedient sich jeder. Schneidert sich doch jeder eine Persönlichkeit zusammen, je nach seiner handwerklichen Fähigkeit matt oder schillernd und nicht selten nach einem Schnittmuster, das die Außenwelt anbietet, trotz aller scheinbaren Individualität doch mehrheitskompatibel, nicht wirklich kantig, nicht wirklich angreifbar.

Ich habe nicht viele Menschen getroffen, die diese Kritik auf sich selbst bezogen zugelassen hätten, so stark ist die Angst davor, vielleicht doch kein eigenes, einem ganz allein selbst gehörendes Ich zu besitzen, am Ende verwechselbar zu sein, gar austauschbar, unwichtig.

Und doch glaube ich, ist genau diese Erkenntnis, das Ich in Frage zu stellen, unerlässlich, um das Wesentliche, Unkorrumpierbare dahinter, das manche als das Selbst bezeichnen, zu finden.

Manche Meditationsmeister fordern einen ausschließlich nur zu dieser einen Frage auf: »Wer bin ich?«

Stundenlang, jeden Tag, ein Leben lang: »Wer bin ich?«

Wer ist der, der den betrachtet, der diese Frage stellt.

Und es scheint so, als sei dies nur als Koan zu verstehen, als eine Frage, deren Beantwortung letztlich nicht durch die Ratio möglich ist. Eine paradoxe Aufgabe, durch die der Übende bis auf die Grenze seines Denkens geführt werden soll, um zu zeigen, dass echte (Zen-)Erfahrung jenseits des Intellekts liegt. Wie die berühmte Frage von Meister Hakuin: »Was ist das Klatschen einer Hand?«

Nicht nur meine Studentenzeit war eine Zeit der Abbrüche. Ich erreichte im Laufe der Zeit eine gewisse Meisterschaft im Aufhören, im Hinter-mir-Lassen, in der Demontage enthusiastisch begonnener Unternehmungen.

Ob ein später wieder aufgenommenes Philosophiestudium oder meine peinlich mangelhafte Beherrschung anderer Sprachen, ein sehr spät begonnenes und früh wieder beendetes nochmaliges Dirigentenstudium, von abgebrochenen Beziehungen ganz zu schweigen – gehören solche Pleiten zu jedem Leben oder nur zu meinem? Ich weiß es nicht.

Aber es macht mich nicht unzufrieden. Etwas Unbelehrbares scheint in mir zu wohnen, eine fast pathologische Weigerung, Erfahrungen anzunehmen, die ich nicht selbst gemacht habe. Als »Herdplattenanfasser« habe ich mich schon als junger Mann bezeichnet. Vielleicht ist das dumm. Aber es gehört anscheinend unausweichlich zu mir. Und je mehr ich dazulerne, umso weniger weiß ich.

Früher dachte ich immer, Sokrates habe seinen berühmten Satz »Ich weiß, dass ich nichts weiß« nur gesagt, um damit der Überheblichkeit der Sophisten entgegenzutreten. Mittlerweile bin ich mir da nicht mehr so sicher. Irgendwann kommt eine Phase der Demut, die einem den Boden unter den Füßen wegzieht, weil man merkt, dass alles noch so akribisch angesammelte Wissen einen nicht wirklich weiterbringt in den Grundfragen unserer Existenz.

Vor kurzem habe ich in der Süddeutschen Zeitung einen Artikel über die unumstrittene Eliteuniversität Harvard gelesen und frage mich bei allem Respekt vor wissenschaftlichen Errungenschaften und dem hohen intellektuellen Niveau bei Unterrichtenden wie Studierenden doch, ob dort und anderswo nicht irgendetwas im Lehrplan fehlt?

Nun gut, Mitgefühl lässt sich nicht lehren, und Empathie als Lehrfach scheint nur in der Psychologie vorzukommen. Aber warum eigentlich nicht? Warum weigern wir uns so beharrlich, das Miteinander zu lernen, und perfektionieren dafür die Fähigkeit, andere auszubooten, bloßzustellen, zu besiegen?

Das ist der Preis für die Individualität, sagen viele. Aber so wertvoll diese auch ist, sie ist das, was den Einzelnen von der Welt absondert. Und nur die Liebe verbindet. Je stärker die Individualität, desto stärker also erfordert sie Liebe – ein Gedanke Walter Rathenaus.

Empathie sei der Kern unseres Menschseins, schreibt Arno Gruen und führt aus, dass die naturwissenschaftliche Denkweise, die das Leben auf ein mechanisches Funktionieren reduziere, die zentrale Bedeutung von Gefühlen für das Menschsein verleugne. Die Tatsache, dass wir Gene manipulieren und einige Symptome durch Psychopharmaka kontrollieren können, bedeute eben *nicht*, menschliches Leben zu verstehen, das, was Menschen bewegt und was sie in ihrem komplexen Erleben ausmacht.

Ist das der Grund, warum ich mich zu sogenannten Versagern immer eher hingezogen fühlte als zu den Gewinnern: Weil die Sieger meistens zu glatt sind, ihr Leben zu einstudiert, zu wenig improvisiert und zu unbeseelt abläuft?

»Man darf nur alt werden, um milder zu sein; ich sehe keinen Fehler begehen, den ich nicht auch begangen hätte.« *Diese Erkenntnis Goethes lehrt uns* nur das Leben und die aufrichtige und schonungslose Beschäftigung mit den Abgründen der eigenen Seele.

Ich kann gut verstehen, wenn so manchem dieses Kreisen um das Selbst, dieser Versuch, sich wie Peer Gynts Zwiebel zu entblättern, anrüchig erscheint. Und auch mir ist nicht immer wohl dabei. Zumal man am Ende doch nur feststellt: Die vielen Hüllen verbergen keinen Kern.

Andererseits – ist von sich zu reden nicht das einzige Thema, worüber zu reden man ein Recht hat?

Es gilt, die Balance zu finden zwischen dem nüchternen Sezieren des Egos und dem notwendigen sich Einmischen in die Belange der Welt. Sonst tarnt man allzu gern seine eigenen Ungereimtheiten mit rebellischen Versen. Und davon weiß ich ein Lied zu singen.

glück in der reduktion

Manchen gelingt es
sich so zu entfalten
dass sie sich immer
die Unschuld erhalten.

Die warten im Schatten
um besser zu sehen
können ohne Applaus
der Angst widerstehen.

Die schreiben nie Lieder.
Die sind Melodie.
So aufrecht zu gehen
lerne ich nie.

(1980)

»Ich glaube immer mehr, dass das Glück nur in der Reduktion zu finden ist.«

Vor mir sitzt ein sympathischer, ruhiger junger Mann, Leiter eines Sterbehospizes in München, und bei ihm klingt dieser Satz nicht nach einer leeren Worthülse, sondern wie die Erkenntnis eines achtsamen Lebens.

Er erzählt mir von seinem schweren Unfall, der ihn in die Nähe des Todes geführt hat und der Anlass gewesen war, sein weiteres Leben dem Sterben zu widmen.

»Sie glauben nicht, was das für ein Geschenk ist, den Todkranken und Hilflosen, Entstellten und von der Gesellschaft Ausgeschlossenen ihre Würde zurückzugeben.«

Alle großen Philosophen wissen, dass Freiheit immer mit dem Annehmen des Todes, mit dem Verlust der Angst vor dem Vergänglichen zu tun hat.

Sokrates war der Meinung, dass die Angst vor dem Tod sowieso idiotisch sei, denn niemand weiß, was der Tod ist, nicht einmal, ob er nicht für den Menschen das größte sei unter allen Gütern. Und es sei ein Dünkel, etwas wissen zu wollen, was man nicht wissen kann.

»Heute haben wir das Sterben hinter Krankenhausmauern verbannt und den Tod aus der Gesellschaft verdrängt«, sagte der Leiter des Sterbehospizes. »Dabei entwickelten fast alle Philosophien und Religionen der Antike bis zum Mittelalter eine Kultur des Todes. Die alten Ägypter hatten ihr »Papyrus des Ani«, besser bekannt als »Ägyptisches Totenbuch«, im Mittelalter kursierten Sterbeanleitungen unter Titeln wie »De arte moriendi«, die Kunst des Sterbens, die Tibeter haben ihr heiliges Buch »Bardo Thodol«, das sie beim Sterben zurate ziehen. Die Buddhisten sind sowieso eher praktisch orientiert. Der Buddha sagte, er lehre »die Angst und das Ende der Angst«. Stellte man ihm jedoch metaphysische Fragen, zum Beispiel über den Anfang und das Ende der Welt oder über das Fortbestehen oder nicht Fortbestehen nach dem Tod, so schwieg er. Er sagte das Dharma, die Lehre von den edlen vier Wahrheiten, sei überall und in allen Teilen von *einem* Geschmack: dem der Freiheit.

Das ist ein Satz auch nach meinem Geschmack!

Selbst wenn Heidegger recht haben sollte mit seiner schwer zu ertragenden Erkenntnis, dass der Sinn des Seins ein zukunftsbezogener Daseinsentwurf auf den Tod hin sei, würde mir der Buddha einen Weg weisen: Keine unnötigen Spekulationen über das Jenseits, sondern Befreiung aus der Enge selbstbezogener Verwirrung! Das Ende der Angst.

»Sie sind Buddhist?«, fragte ich den jungen Mann.

»Ich stehe dem Buddhismus sehr nahe«, sagte er.

Ich dachte nach, wie wenig ich in den buddhistischen Schriften, die ich jahrelang regelrecht verschlungen habe, über das Glück gelesen hatte. Und ich meinte mich erinnern zu können, dass Freiheit, Mitgefühl, Bewusstsein und Erwachen einen viel größeren Stellenwert besitzen. Ist dieses geradezu fanatische Streben nach individuellem materiellem Glück vielleicht eine ausgesprochen heutige

Erscheinung? Unterstützt, beworben und geradezu legalisiert durch eine Marktwirtschaft, die keine Gewinne mehr abschöpfen könnte ohne Heerscharen süchtiger Käufer, die im Kaufen selbst schon das Glück suchen?

Wie gut ich das kenne, den Kaufrausch und den Wahn, durch beispielsweise noch mehr elektronischen Hightechschnickschnack glücklicher zu werden! Bis kurz nach dem Bezahlen bin ich wie von indianischem Pfeilgift gelähmt, unfähig, irgendeine Art von Vernunft einzuschalten, aber schon beim Verlassen des Geschäfts verwandelt sich die Lähmung in Gewissensbisse und Selbstbeschimpfung.

Kaum hab ich die Pretiose zu Hause, funktioniert irgendwas garantiert nicht, und schon bin ich die halbe Nacht damit beschäftigt, in diversen Internetforen User zu finden, die, von ähnlichen Sorgen geplagt, mir vielleicht weiterhelfen können.

Das kann Tage, ja Wochen dauern, alles in allem eine ziemlich kostspielige Beschäftigungstherapie, verbunden mit Stress und Ärger, nicht aufzuwiegen durch den kurzen Moment des Glücks, wenn das Prunkstück ausnahmsweise mal funktioniert.

Glück findet man nur in der Reduktion!

Je weniger man besitzt, umso freier wird man im Kopf. Das klingt banal? Tausendmal gehört? Alter Hut? Warum fällt es uns dann so unheimlich schwer, uns auch nur im Ansatz an diese banalen Regeln zu halten? Weil wir nicht wollen?

Weil wir nicht können!

Sosehr mir das alles einleuchtet, so schwer fällt es mir, danach zu leben. So unfähig bin ich, diesen einzig richtigen radikalen Schritt zur Loslösung von allem unnötigen Ballast zu vollziehen.

Ich kann mich noch genau an dieses Gefühl der Leere erinnern, als das Einweihungsfest meines Hauses in der Toskana zu Ende ging.

Ein rauschendes Fest, die Maurer und Handwerker und ihre Familien, also fast das ganze Dorf, waren eingeladen, meine besten Freunde waren aus Deutschland angereist, wir musizierten und tranken, der Himmel stand hoch, die Hügel verbeugten sich sanft und höflich, das Traumhaus war nach so vielen Jahren des Wartens endlich fertiggestellt.

Wie hatte ich auf diesen Moment gewartet, in einem Wohnwagen neben der Baustelle gewohnt, war im Winter auf Tournee gegangen, nur um meine Gage im Frühjahr nach Italien zu tragen, um meine Schulden bei den Bauarbeitern und Malern, Möbelhändlern und Marmistas zu begleichen.

Und nun, da die letzten Gäste gegangen waren, in einer dieser unvergleichlichen toskanischen Morgenstunden, wenn die sich noch etwas verschlafen umblickende Sonne die ersten Hügelketten erklimmt, um dann ein Waldstück nach dem anderen spähend auszuleuchten, als suche sie noch einen Flüchtigen, der sich in der Nacht in der Macchia verfangen hatte, wenn also diese erwachende Sonne schon bald darauf mit einem sirrend gleißenden, ungeheuer hohen Ton den Tag einzuläuten beginnt, in diesem heiligen Moment des Aufbruchs, der sich jeden Tag seit Milliarden Jahren in immer gleicher Schönheit vollzieht, empfand ich eine entsetzliche Leere im Herzen.

Ich saß im Wohnzimmer meines geliebten Hauses auf meiner geliebten Couch, blickte durch mein geliebtes Rundbogenfenster in meine geliebte Landschaft und war todunglücklich.

Vorbei!

Vorbei die Jahre des Wartens, vorbei die Zeit des Träumens, die phantastischen Bilder im Kopf plötzlich verwirklicht, die Idee realisiert, die Skizze vollendet. Plötzlich wurde mir bewusst, dass ich zum ersten Mal in meinem Leben etwas besaß.

Und ich ahnte, dass es von nun an etwas zu beschützen galt, dass ich mich würde sorgen müssen um diesen Besitz, dass er mir nicht genügen würde, dass dieser fertige Zustand des Hauses ab sofort ein halbfertiger sein würde, dass ich mir dieses Gut nur spannend gestalten könnte, wenn ich weiter planen, bauen, basteln würde.

Ich brauchte fast drei Jahrzehnte, um mich gedanklich von diesem Besitz zu befreien.

Erst aber ging es nun mit dem Bauen weiter, wie ich es geahnt hatte.

Die ehemaligen Stallungen wurden zum Studio umgebaut, wir produzierten dort mit dem Team Musikon einige meiner innigsten Schallplatten – »Liebesflug«, »Das macht mir Mut«, »Inwendig warm« –, es endete in einem finanziellen Desaster. Man kann sich auf Dauer kein Studio leisten, in dem man ausschließlich eigene Produktionen aufnimmt, es sei denn man produziert einen Hit nach dem anderen.

Und wirkliche Hits sind mir nie gelungen.

Die Ballade vom Willy ist vielleicht eine Ausnahme, aber auch dieser Titel war nie in den Charts zu finden, er wurde nur erstaunlich oft im Radio gespielt und ist deshalb auch heute noch vielen ein Begriff.

Ich hatte es auch nie darauf angelegt, einen Hit zu schreiben.

In Wahrheit hatten sich meine Schallplatten viel schlechter verkauft, als die meisten denken. Nicht mal eine goldene Schallplatte hab ich zustande gebracht, und ich kann nicht sagen, dass ich mich darüber nicht gefreut hätte.

Irgendwann löste sich auch unsere kleine Kommune auf, die Techniker und Musiker, die auf die Weiterführung des Studios gehofft hatten, wir gingen getrennte Wege. Zu Recht warfen mir Freunde vor, ich hätte das Studio durchaus noch halten können, wenn ich einen weniger aufwendigen Lebensstil gepflegt hätte.

Meine Verschwendungssucht war furchterregend. Kaum hatte ich Geld in Händen, musste ich es zum Fenster rausschmeißen, und als ich die ersten Kreditkarten in der Tasche hatte, begannen sich auch schon Schuldenberge aufzutürmen.

Nun, in Anbetracht späterer Verschuldungsorgien will ich sie noch Schuldenhügel nennen. Toskanisch eben, noch nicht alpin.

Woher kam dieser Hang, Geld nicht halten zu können?

Mein Vater sagte mir immer: »Du hast ein Riesenproblem, Konstantin. Du lebst wie ein Millionär, aber du bist keiner.«

Er hatte vergessen hinzuzufügen, dass ich mir das auch ein bisschen von ihm abgeschaut hatte.

Aber er hatte natürlich recht. So gerne ich mir meine Jugend verklären möchte, mein Aufbegehren im gestrengen Wilhelmsgymnasium, wo ich mit Bakunin-Texten um mich schlug und mich als Anarchist fühlte – mein Verhältnis zu Geld und Luxus war ganz und gar unbakunisch.

Nie vergessen werde ich meine Angeberei, als ich bewundernd ins Innere eines Jaguar »E« Cabrios blickte, um am Tacho zu erkennen, wie schnell das Wunderding wohl fahren mag, und einem Schulfreund zuraunte: »So ein Auto werde ich später auch mal fahren.«

Auf seine berechtigte Frage, womit ich mir das verdienen wolle, antwortete ich nur patzig: »Wollen wir wetten?«

Ich war noch sehr jung, gerade mal sechzehn Jahre alt, und die Begebenheit wäre eigentlich nicht der Rede wert, wenn sie nicht so typisch für ein Verhalten wäre, das viele Jahre später diese große Diskrepanz zwischen meiner Lebensweise und meinen Liedern offenbaren sollte. Ich wage es wirklich kaum auszusprechen, es wehrt sich die schreibende Hand, aber zu meinem dreißigsten Geburtstag schenkte ich mir einen bodenlangen Nerzmantel und einen goldenen Firebird.

Ich hatte zum ersten Mal in meinem Leben viel Geld und reagierte wie ein Rockstar, der den Sprung aus einem Elendsviertel in die glitzernde Welt der Reichen geschafft hatte. Vielleicht würde ich das auch verschweigen, wenn ich es damals nicht so öffentlich zur Schau gestellt hätte.

Mein einziger Trost ist, dass ich wenigstens dazu stand, und anstatt mit einem verbeulten VW-Bus zu den Konzerten zu fahren, stellte ich mich den berechtigten Attacken meiner Fans.

Ich muss heute all den Kritikern recht geben, die zwischen mir und meinen Liedern einen schrecklichen Widerspruch empfanden. Allerdings schlossen sie daraus, dass meine Texte nicht ehrlich empfunden wären.

Umgekehrt aber geht die Rechnung auf: Meine Lebensweise war nicht ehrlich! Die Texte hatten viel mehr mit mir zu tun als mein gesellschaftliches Verhalten. Sie kamen immer aus dem innersten Empfinden, sie waren zärtlicher und liebevoller als ich, gerechter und aufrichtiger.

»Das Glück ist nur in der Reduktion zu finden.«

Gestern telefonierte ich mit meinem Freund Christoph.

Er ist, ebenso wie sein Bruder Michi und mein Schriftstellerkollege Günter, ein Gescheiterter. Alle drei haben es zu nichts gebracht.

Trotz Gymnasium keine Schönheitschirurgen, Rechtsanwälte oder Daimler-Chrysler-Manager geworden.

Nicht mal Waffenhändler oder Immobilienmakler.

Einfach nur Taxifahrer.

Die drei gehören, soweit ich das beurteilen kann, zu den glücklichsten und freundlichsten Menschen dieser Gesellschaft.

Wir kennen uns aus der Kinderzeit, wir schusserten zusammen mit Lehmbatzerln vor dem protzigen neogotischen Eingangstor der Lukaskirche, wir blähten uns auf der Praterinsel als stolze DLRG-Rettungsschwimmer auf und retteten mit Vorliebe junge Touristinnen aus den reißenden Isarfluten, wir schummelten uns durch die Schule, studierten uns scheinfrei durchs reichhaltige Angebot der Geisteswissenschaften, soffen, stritten und liebten uns, verloren uns aus den Augen, fanden uns immer wieder und schauen heute noch aus wie junge, schlanke, hübsche Männer.

Wenigstens wenn wir zusammen radeln, Schach spielen oder bei einigen Flaschen Chianti die Welt neu ordnen.

Ich bin zufällig mit meinen Liedern bekannt geworden. Wenn nicht, würde ich auch Taxi fahren. Und wäre vielleicht genauso zufrieden.

Das Angenehme an meinen Freunden ist, dass sie keinen gesellschaftlichen Ehrgeiz haben. Sie sind nicht süchtig nach Titel und Beifall, und manchmal beneide ich sie um ihr Verhältnis zur Zeit.

Wo sie die Langsamkeit entdeckt haben, lasse ich mich noch von Terminen jagen.
Sie schlendern.
Ich singe nur davon:

»Einfach wieder schlendern
Über Wolken gehn.
Und im totgesagten Park
Am Flussufer stehn.

Mit den Wiesen schnuppern
Mit den Winden drehn.
Nirgendwohin denken
In die Himmel sehn.«

Dieses ist mir derzeit das wertvollste meiner Lieder.
Ich suche mir meine Lieder nämlich nicht aus. Sie suchen mich, und ich bin oft überrascht von dem, was sie mir sagen wollen. Oft weisen sie mich auf etwas hin, was zu ändern wäre an meiner Einstellung und an meiner Art zu leben.
Ich weiß nicht, wie es anderen Textern geht, aber ich kann mir nur in den seltensten Fällen Gedichtzeilen erdenken. Gedichte müssen sich in mir fertig formulieren, eigentlich ohne mein Zutun, und dann brechen sie irgendwann aus, wollen aufgeschrieben sein. Haben die Sehnsucht, vertont zu werden.
Manche Leute glauben, Poesie sei so eine Art Zuckerguss, der über einen trivialen Gedanken gegossen wird, um ihm dadurch Tiefe zu verleihen.
Und manche dichten auch so.
Aber Poesie ist ein Abbild der Wirklichkeit selbst. Sie ist allerdings manchmal verrückt. Sie ver-rückt die Realität,

sie stellt sie in andere Zusammenhänge, aber nicht, um sie zu versüßen, sondern weil sie vom Poeten genau so, aus diesem veränderten Blickwinkel verstanden wird.

Also, mein Freund Christoph rief mich an, und ich erzählte ihm vom Glück der Reduktion.

»Das heb ich mir auf«, sagte er.
»Was hebst du dir auf?«
»Die Reduktion.«
»Was willst du damit sagen?«
»Stell dir vor, ich verzichte jetzt schon auf alles, und dann stellt sich der gewünschte Effekt nicht ein, dann bleibt mir ja kein Versuch mehr.«
»Du willst also erst noch eine Zeit lang die Lightversion ausprobieren?«
»Du vielleicht nicht?«
Damit hatte er mich natürlich.

So radikal ich in meinen Gedanken war, so radikal ich mich auch immer wieder neuen Situationen geschenkt habe, so schwer fällt es mir bis heute, auf Bequemlichkeiten und Ablenkungen zu verzichten.

Was für ein widersprüchliches Leben wir doch führen.

Wie oft wüsste man, wie's geht, und wie selten folgt man diesem Wissen.

»Dumm sein und Arbeit haben: das ist das Glück!«, schreibt Gottfried Benn. Vielleicht hat er ja recht ...

Und trotzdem, es wäre verfänglich, auch noch im Wünschen und Sehnen bequem zu sein. Du eilst dir mit einer Idee voraus, und irgendwann greift sie, beginnt zu blühen und dich und die Welt zu verwandeln.

Meistens habe ich erlebt, dass mir das Schicksal die radikalen Schritte abgenommen hat, die ich selbst nicht vollziehen konnte.

Man wird zur richtigen Zeit krank, kommt ins Gefängnis, verliert die Stimme, die Freundin, den Besitz. Ein grässliches Nichts, ein abgrundtiefes Loch, aus dem es keinen Ausweg zu geben scheint, tut sich auf.

Immer wieder hat sich mir in dieser Dunkelheit ein bis dahin nie gesehenes Licht gezeigt.

Ob das nach dem Tod genauso ist?

Mein Vater starb, als ich sechsundfünfzig war. Einige Freunde hatte ich zwar schon begraben, aber bis dahin war mir noch nie ein so vertrauter und geliebter Mensch entrissen worden. Ich habe versucht, diesen Tod in meinem Buch »Der Klang der ungespielten Töne« zu verarbeiten:

Vater lag nicht, Vater saß im Sterben, und er fühlte sich prächtig.

»Spinnst a bissl, Bub, hab ich mir sagen lassen.«

»Wie soll man sonst sein Leben halbwegs anständig über die Runden kriegen?«, versuchte ich ihn zu zitieren.

»Recht so, lass dir nicht dreinreden. Ich hab auch vor, als Narr zu sterben. Alle wollten mir erzählen, wo's langgeht, gefolgt bin ich nur der inneren Stimme. Ich hab sie ausgetrickst, die Besserwisser.«

Er winkte mich ganz nah zu sich heran: »Die Komödie ist fertig, ich werd sie drüben auffführen.«

Seine Stimme war immer noch klar und ungebrochen, nur drang sie jetzt von überall her direkt in mein Herz. Vater bewegte nämlich die Lippen gar nicht, als er sprach. Und auf einmal hatte ich das Gefühl, dies sei die Vollendung des Gesangs, nicht mehr durch die Ohren zu vernehmen, sondern in vollendeter Harmonie mit allem, was tönt und klingt und sich in Wellen bewegt, nur dem verständlich, der sich aufmacht, diese Welt zu hören.

»Es lebt sich gut als Versager, und ich hab es nie bereut, immer in der zweiten Reihe anzustehen. Man wird nicht beneidet und hat viel mehr Platz, um sich zu weiten. Mutter hat mich nie ganz verstanden. Sie hat all ihr Verstehen für dich verbraucht.«

Wir schwiegen lange.

»Hörst du die Musik?«

»Ja, Vater, ich höre sie. Jetzt, Vater, jetzt kann ich sie hören.«

Und wie ich hörte!

Wir steckten die Köpfe zusammen und schwiegen und lauschten den schönsten Klängen, als hätten sich alle Komponisten, die er sein Leben lang verehrt und nie verraten hatte, zusammengetan, um ihm in dieser letzten Stunde ein Ständchen zu widmen. Was war das für ein Zusammenklang von Liebe, was für ein wehes und leides und doch gleich drauf wieder jubilierendes Tönen, und ich hörte Vater noch einmal singen, nicht mehr durch Stimmbänder verfälscht, sondern als sei sein Gesang schon mit den Stimmen der Engel verwoben, als winke ihm Verdi schon mit dem Taktstock zu und führe eigens für ihn noch einmal sein himmlisches Lacrimosa auf. Was für ein Gesang, und alles erlebte sich aus dieser stillen Nähe unserer närrischen, schwärmerischen Seelen, und dann geleitete ich meinen immer noch spitzbübisch lächelnden Vater geradewegs auf den Tönen seines eigenen Gesanges nach Hause.

Dann hat ein Traum, so real, plastisch und farbintensiv, wie ich noch nie zuvor geträumt hatte, die lange Zeit der Trauer um meinen verstorbenen Vater mit einem Schlag beendet.

Vater kam auf mich zu, jugendfrisch, so schön, wie ich ihn aus meiner Kinderzeit in Erinnerung hatte, mit ebendiesem unvergleichlichen spitzbübischen Lächeln, in die Mitte genommen von zwei nicht unfreundlichen, aber strengen, schweigenden Männern, die in weiße Toga-ähnliche Umhänge gehüllt waren.

»Vater«, rief ich, »ist das schön, dich zu sehen. Du siehst toll aus! Wie jung du bist! Wie geht es dir?«

»Ausgezeichnet, wie du siehst. Und du?«

Ich wusste in diesem Moment ganz genau, dass er tot war. Umso glücklicher war ich natürlich, ihn so wohlbehalten in einer anderen Welt zu sehen. Und ich war neugierig:

»Du weißt doch jetzt sicher alles, Vater, alles, was wir hier so gerne wissen würden. Kannst du mir ein paar Tipps geben? Bitte sag mir doch, warum wir hier sind? Was ist denn der Sinn dieser anstrengenden Mission?«

Er lächelte. So kannte ich ihn über fast sechs Jahrzehnte, diesen immer etwas ironischen Philosophen, der sich selbst so wunderbar auf den Arm nehmen konnte, dieses Lächeln hat mein Leben geprägt, macht mir heute noch vieles Schwere etwas leichter. Ein Lächeln, das um die Nutzlosigkeit jeglicher Verbissenheit weiß, und er wollte mir gerade fröhlich eine Antwort geben – man muss sich das einmal vorstellen, ich war gerade dabei, das Geheimnis des Daseins offenbart zu bekommen! –, als seine zwei Begleiter den Finger auf den Mund legten, ihn fast etwas grob zurückdrängten und ihm offensichtlich verboten, himmlische Weisheit auszuplaudern.

Ich sah ihm traurig nach, und plötzlich drehte er sich um, lachte mich noch mal an und zwinkerte mir wie ein Lausbub zu, als wolle er mir sagen: Ich sag dir's schon noch, keine Angst, ich muss nur die beiden Typen da loswerden.

Und dann drehte sich doch noch einer seiner Begleiter um zu mir, kam auf mich zu, wirkte auf einmal gar nicht mehr so streng und sagte mit ruhiger Stimme:

»Wolltest du nicht auch mitkommen?«

Ich war zutiefst erschrocken und stammelte:

»Nein, nicht dass ich wüsste, eigentlich nicht, ich hab ja auch zwei kleine Kinder ...«

»Na gut«, meinte er, nach einem kurzen Blick zu seinem Kollegen, »dann eben noch nicht.«

So richtig beruhigt war ich zwar noch nicht, aber ich nahm das Angebot dankbar an. Seit diesem Traum wusste ich, dass sich mein Vater von mir verabschiedet hat.

Manchmal sage ich mir, dass meine Psyche diese Trauer vielleicht nur auf diesem Weg bewältigen konnte.

Manchmal allerdings weiß ich, dass dies eben doch kein Traum war, sondern die Wirklichkeit.

genug darf nie genügen

Die Stühl werdn auf die Tisch naufknoit,
und mir werds hoit ums Herz so koit,
kann immer bloß als Letzter geh
wieder Sperrstund im Kaffee.

Fahr zur Großhess'loher Bruckn,
werd a bisserl abaspuckn,
spring a bisserl hinterher,
fühl mi halt a bisserl leer.

Morgn auf d'Nacht die gleiche Szene,
und im Knopfloch eine Träne,
wieder eine Nacht passé
wieder Sperrstund im Kaffee.

(1989)

Jeder, der gerne, oft und lange am Tresen steht, will irgendwann in seinem Leben Wirt werden. Sic!

Mich reizte der Gedanke seit meiner Studentenzeit, die ich eindeutig häufiger in Wirtschaften als in Hörsälen verbracht hatte.

Ich denke mal, es ist die unumstrittene Autorität, die ein Wirt oder eine Wirtin ausstrahlt, die den Beruf so reizvoll macht. Vor allem über stets klamme Studenten haben Wirte eine fast magische Macht, denn sie bestimmen, wie oft und wie lange man anschreiben kann. Sie sind die Herren des letzten Biers und bestimmen, wer zum Kreis der Erlauchten gehört, die auch nach der Sperrstunde, bei geschlossenen Türen, noch weiterfeiern dürfen.

Verständlicherweise bevorzugte ich Kneipen, in denen ein Klavier stand.

Ich spielte Blues und bekam Freibier. Außerdem erleichterte das nächtliche Klimpern die Kontaktaufnahme zu den Mädchen.

Zwar hatte ich schon meine ersten Lieder im Gepäck, aber sie waren mir zu heilig, um sie unter die Betrunken zu streuen.

In den Siebzigern gab es in München einige Lokale, wo die Kleinkünstler der verschiedensten Stilrichtungen ihre Werke zum Besten gaben.

Dort sang ich meine Lieder zur Gitarre. Mit mäßigem Erfolg.

Andere waren witziger, nicht so verschroben wie ich mit meinen »sadopoetischen Gesängen«.

Erstaunlicherweise störte mich das wenig. Ich hatte großes Selbstvertrauen und war mir sicher, dass meine Zeit noch kommen würde.

Und es war eine gute Schule, Abend für Abend Steigbügelhalter der Stars der Szene zu sein. Heute wissen viele Musiker gar nicht mehr, was tingeln wirklich bedeutet. Viele haben gar nicht mehr die Möglichkeit, weil die richtigen Lokale fehlen, andere werden zu schnell berühmt und müssen ihre ersten Gehversuche gleich in großen Hallen, vor Tausenden von Menschen machen.

Wir jedenfalls sangen und klampften uns durch rauchige Kneipen, immer gewärtigt, dass das Publikum mal wieder gar keine Lust aufs Zuhören hat.

Völlig verkehrt war es, wenn man sich zu einem Wutausbruch hinreißen ließ.

»Haltet doch endlich mal die Schnauze«, war der angesagt falsche Satz, ein Fehler, der nur blutigen Anfängern unterlaufen konnte. Infernalisches Gelächter war die Folge und eine nicht mehr zu beruhigende Unruhe. Es wurde solange gejohlt und gepfiffen, bis man freiwillig die Bühne verließ.

Der nächste Künstler musste einiges aufbieten, um die Leute wieder für sich einzunehmen.

Hier wird ganz offensichtlich, wie wichtig die Erfahrung des Scheiterns für den Künstler ist. Nur dadurch lernt er, das Publikum zu verstehen und welche Tricks nötig sind, um es für sich einzunehmen, nur dadurch lernt er, gelassen mit Pannen umzugehen, und vor allem: Nur durch diese Schule bekommt man ein Gespür für Dramaturgie.

Wie weit kann ich gehen, was kann ich einem Publikum zumuten, wann muss es sich erholen, wann muss man es aufheitern, in welchen Kontext stellt man eine ernste Passage, damit sie auch die richtige Wirkung erzielt? Wie kann man ein Publikum berühren ohne es zu überfordern? Wie kann man es zum Weinen bringen ohne selbst zu weinen?

»Ned du sollst heulen, Bub. Die Leut solln heulen«, herrschte mich Professor Eichhorn in der Musikhochschule an, als ich – aus Rührung den Tränen nah – Fidelio sang und spielte.

Shakespeare hätte diese Interaktion zwischen Autor und Publikum nicht so genial beherrscht, wenn er nicht selbst mit seinen Lord Chamberlain's Men auf der Bühne gestanden hätte. Damals war der Publikumserfolg das einzige Kriterium der Aufführbarkeit der Stücke. Trotz »Kulturbetrieb« hat sich für meine Zunft und mich da in den letzten vierhundert Jahren nichts geändert. Wir werden nicht subventioniert, und bis heute ist es so, dass dich nach einer erfolglosen Tournee kaum noch ein Veranstalter bucht.

Man kann Dramaturgie auch studieren. Da lernt man das alles nicht. Das geht nur durch Niederlagen und Pleiten. Und natürlich auch Erfolge.

Ab und zu muss es schon sein, dass man bejubelt wird, sonst hat man irgendwann einfach keine Lust mehr.

Bei mir kam das ziemlich spät. Aber noch früh genug.

Ich werde in diesen biographischen Notizen wenig schreiben über die Zeit meiner großen Erfolge seit 1978, als die

Schallplatte »Genug ist nicht genug« herauskam und mit ihr die Ballade vom Willy.

Da gäbe es zwar auch genug über Niederlagen zu berichten, denn ich hatte gerade in dieser äußerst erfolgreichen Phase sehr zu kämpfen mit der Erwartungshaltung eines Teils meines Publikums. Sie wollten mich ausschließlich als Sänger des »Willy« und verwickelten mich in endlose politische Grundsatzdebatten. Frauengruppen zwangen mich zu Diskussionen über meine Texte, da sie darin versteckte Frauenfeindlichkeiten und Machismo witterten, Trotzkisten boten mir an, meine Texte umzuschreiben, da ich zwar ganz gut schreiben und singen könne, aber ihrer Meinung nach keine Ahnung von den wirklichen politischen Zusammenhängen hätte. Je populärer ich wurde, umso mehr wurde alles ideologisch durchleuchtet und abgewogen. Vor allem als ich es wagte, mit den sehr lyrischen und verinnerlichten Liedern der Schallplatte »Liebesflug« auf Tournee zu gehen, war die Empörung bestimmter Kreise groß.

Zeitungen, die mich bis dahin hochgejubelt hatten, zerrissen mich als politisches Weichei, teilweise störten linke Kadergruppen meine Konzerte, und trotzdem: Im Großen und Ganzen war das, mit allem Auf und Ab, eine ziemlich geglückte Epoche, was auch beinhaltet, dass ich viel Glück gehabt habe.

Diese Zeit brennt mir heute nicht wirklich auf der Seele. Im Nachhinein ist sie für mich nicht mehr so interessant, so spannend sie damals gewesen sein mag.

Ich war jung und bei vielen Menschen beliebt, ich hatte ein begeisterungsfähiges Publikum, ich nahm, je nach Gefühlszustand, an Körpergewicht zu und wieder ab, und ich spielte viele gute Konzerte. Mit den Musikern der ersten

Stunde, dem Team Musikon, oft auch ganz allein, dann mit Joan Baez und Mercedes Sosa, Friedenskonzerte mit Gianna Nannini und Harry Belafonte, Maria Faranturi und Mikis Theodorakis, Kabarettabende mit Dieter Hildebrandt und Werner Schneyder – bevor ich ins Schwärmen komme, will ich mich lieber wieder dem eher unerfreulichen Thema Wecker als Wirt widmen.

Denn das hat wieder unmittelbar mit dem Thema des Buches zu tun.

1983 gab es an meinem Haus in Italien nichts mehr zu tun. Das Studio war verwaist, die Episode abgeschlossen.

Nun musste was Neues in Angriff genommen werden.

Ich machte mich auf die Suche nach einem Festspielhaus.

Meine Mutter hatte meinen Hang zur Gigantomanie schon früh erkannt.

Einmal sagte sie zu Freunden: »Jetzt fehlt nur noch, dass er mit Palmwedeln auf einem Esel in die Toskana einreitet.« Das kränkte mich, und ich war ihr lange beleidigt. Vielleicht war es ja etwas überspitzt. Aber sie hatte ein untrügliches Geschick dafür, Finger in Wunden zu legen.

Sie hasste es zum Beispiel, wenn ich ein paar Kilo zu viel hatte. Als ich ihr wieder einmal zu dick erschien, umarmte sie mich, tastete zum Schein meinen Bauch und die Hüften ab, und rief laut, so dass es alle hören konnten, die dabeistanden:

»Jetzt bin ich aber beruhigt.«

Ich fragte, wie immer argwöhnisch, da ich bereits eine Gemeinheit vermutete, was es denn so Beunruhigendes gäbe, dass sie sich extra beruhigen müsse.

»Du bist nierenkrank. Gott sei Dank!«

»Gott sei Dank? Nein, ich bin nicht nierenkrank! Und was bitte wäre daran so beruhigend?«

»Du hast dir zum Schutz für deine Nieren ein Handtuch um den Bauch gewickelt. Ich hab schon gedacht, du wärst so fett geworden.«

Das hab ich ihr lange nicht verziehen, zumal es nach einem umjubelten Konzert war und ein paar attraktive Damen bei mir standen.

Heute amüsiert es mich sehr.

Doch zurück zur Suche nach dem Festspielhaus. Dass mich meine Mutter aber auch immer wieder, sogar nach ihrem Tod noch, aus dem Konzept bringen kann!

Ich dachte also daran, mir als Experimentierplatz ein Theater zu pachten. Eigentlich war es nicht wirklich ernst gemeint, eine Schnapsidee, aber es hatte einen gewissen Reiz, und der Gedanke ließ mich nicht mehr los.

Bis mir plötzlich, ich weiß nicht mehr, von wem, erzählt wurde, dass in Giesing eine Kneipe zu verpachten sei.

In Giesing hatte der von mir favorisierte Fußballverein 1860 München sein Stadion, ein Verein, der wie kein anderer die Kunst des Scheiterns perfektioniert. Giesing war nicht schick, nicht »in«, und es lebten angenehm normale Menschen dort.

Nach einer kurzen Ortsbesichtigung beschloss ich spontan, Wirt zu werden.

Die Räumlichkeiten waren geeignet, eine Bühne einzubauen und in einem Nebenraum hinter der Bühne doch wieder ein Tonstudio zu installieren. Ich überzeugte in einer Blitzaktion alle meine Freunde von der grandiosen Idee und schlug sämtliche Warnungen in den Wind.

Was musste ich mir nicht alles anhören, wie schwer war das zu ertragen, wo ich doch so enthusiastisch war:

»Du schaufelst dir dein eigenes Grab. Wer als Wirt nicht selber hinterm Tresen steht, wird immer beschissen. Du wirst zum Alkoholiker, anders ist das gar nicht möglich. Von hundert neuen Kneipen machen achtzig noch im ersten Jahr Pleite...«

Bis auf den letzten Punkt haben sich alle Ermahnungen bewahrheitet.

Die Kneipe gibt es heute noch.

Sie ist nicht pleitegegangen.

Ich schon.

Aber wer will solche Unkenrufe schon hören, wenn er gerade dabei ist, eine große Idee zu verwirklichen.

Das Kaffee Giesing war schon kurz nach der Eröffnung eine kleine Sensation. Es platzte jeden Abend aus allen Nähten. Wir bekamen einen Kulturpreis der Münchner Abendzeitung für die Gestaltung der Kneipe, viele meiner Kollegen konnte ich bewegen, bei mir aufzutreten: Liedermacher, Kabarettisten, Jazzmusiker, bedeutende Namen, die sonst gewohnt waren, in viel größeren Häusern zu spielen.

Das Kaffee Giesing wurde mein Wohnzimmer. Und irgendwie dann doch mein Festspielhaus.

Bald kamen auch Touristen, wer mich als Sänger mochte und zufällig in München war, ging Wecker gucken. Selbst in der gastronomisch schwierigeren Sommerzeit hatten wir den Laden voll.

Bis dahin war ich ja auch nicht gänzlich ungeübt in der hohen Kunst der Selbsterkenntnis, und ich habe mich vor allem in meinen Liedern ganz gut durchschauen können.

Eine unbestreitbare Tatsache blieb mir allerdings verborgen: Ich bin ein miserabler Geschäftsmann.

Bei allen Versuchen, geschäftlich clever zu sein, bin ich erbärmlich gescheitert. Das ist ja an sich nicht so schlimm.

Menschen haben eben verschiedene Fähigkeiten.

Aber ich wollte es einfach nicht wahrhaben.

Dabei hätte ich schon durch meine allerersten Versuche, in der Geschäftswelt Fuß zu fassen, gewarnt sein sollen.

Während unserer Studentenzeit versuchten mein Freund Günter und ich, auf alle erdenkliche Weise mit wenig Arbeitsaufwand Geld zu verdienen. Unsere Eltern konnten uns nicht unterstützen, wir waren auf Bafög und Jobs beim Studentenschnelldienst angewiesen.

Schon bald ging uns das Kistenschleppen in der Großmarkthalle auf die Nerven, und wir suchten leichtere Kost.

Die Zeitungen waren damals voll von halbseidenen Angeboten, in denen tatkräftige junge Männer gesucht wurden, interessiert an neuartigen Aufgaben. Diese bestanden meistens darin, vereinsamten Hausfrauen Zeitungsabonnements aufzuschwätzen, dazu hatten wir keine Lust. Aber eine andere Annonce nahm uns sofort gefangen: »Schnell reich werden. Bei nur 1 Stunde Arbeit am Tag.«

Etwas in uns wollte dieser verlogenen Anzeige glauben.

Wir bewarben uns und erfuhren, dass es um Versicherungen ging. Lebensversicherungen, von denen den Löwenanteil der Prämien der Arbeitgeber zu bezahlen hatte.

Wir sollten fünfhundert Mark pro Abschluss bekommen. Fünfhundert Mark!!!

Das gefiel uns. Und wir gaben schon am nächsten Tag eine Anzeige auf: »Lukrativer Nebenjob bei nur 1 Stunde Arbeit täglich.«

Bald arbeiteten einige Leute nebenberuflich für uns, die

von unseren fünfhundert Mark für ihren Abschluss zweihundertfünfzig Mark bekamen.

Kaum ließen wir uns auf den Kapitalismus ein, schon hatten wir ihn begriffen. Besonders helle hatte man dafür nicht zu sein.

Ich war Geschäftsmann. Wow!

Das Dichten und Klavierspielen stellte ich mal sicherheitshalber hintenan. Nur nicht an die einstigen Ideale erinnert werden. Jetzt wird ein neues Kapitel aufgeschlagen.

Die Geschäfte liefen mau, wir verdienten fast ausschließlich an denen, die gleich mal mit sich selbst eine Versicherung abschlossen.

Bis Herr Voss kam!

Herr Voss kam aus Garmisch und erzählte uns mit seinem unwiderstehlichen Lächeln, dass er ab jetzt mehrere Verträge pro Tag abschließen werde.

Die anfängliche Skepsis wich heller Begeisterung, als er uns Tag für Tag bündelweise Verträge brachte.

Auf unsere dezente Frage hin, wie er denn das alles bewerkstellige, antwortete er immer gleich:

»Die Mutter is drinne, der Vater ist drinne, und jetzt kommt auch noch der Sohn, und die Onkels sind auch bald drinne.«

Es war zu schön, um auch noch weiter hinterfragt zu werden. Soll doch ganz Garmisch drinne sein.

Wir hatten noch nie in unserem Leben so viel Geld verdient. Mit so wenig Arbeit.

Mit unseren Kommilitonen hatten wir bald nichts mehr zu tun.

Ihre politischen Ansichten hätten uns die Freude am Geschäft vergellen können. Wir waren taub geworden.

Nachdenken stört beim Geldscheffeln. Lyrik auch. Eigentlich störte uns alles, was uns bis dahin Freude bereitet hatte.

Hauptsache, alle waren drinne.

Auf den ersten Blick hatten *wir* Geld. In Wirklichkeit hatte das Geld *uns*.

Der Zusammenbruch ließ nicht lange auf sich warten.

Herr Voss war natürlich ein Betrüger, der einfach das Telefonbuch von Garmisch versichert hatte. Er hatte sich nicht mal Mühe beim Unterschreiben gemacht. Alle Unterschriften waren gleich. Ein paar Wochen später wurde er geschnappt.

Dann war *er* drinne.

Wir waren natürlich nicht aus der Verantwortung und sollten die Prämien für uns und Herrn Voss zurückzahlen.

Als wir gerade neue Geschäftsideen wälzten, um unsere Schulden zu begleichen, stand unser Freund Harald vor der Tür.

Wir hatten, seit wir zu Geschäftsmännern mutiert waren, vermieden, ihn zu sehen. Er war zu klug, um unsere armselige Rolle nicht zu durchschauen, ich hatte regelrecht Angst vor ihm.

Harald war mit uns im Gymnasium gewesen, hatte James Joyce schon gelesen, als ich den noch für einen irischen Freiheitskämpfer hielt, war in der Schule immer besser als ich und konnte scharf mit einem ins Gericht gehen. Das geschah zwar nie ohne Eitelkeit, aber auf seinen klaren Verstand war Verlass.

Ich ahnte, was mit ihm auf uns zukommen würde, und deshalb versuchte ich ihn durch wildes Erzählen einfach nicht zu Wort kommen zu lassen und faselte davon, dass es doch ganz legitim sei, wenn wir die Kapitalisten von unten unterwandern würden, sie quasi mit ihren eigenen Mitteln schlagen, wirres Zeug, leicht durchschaubare Erklärungsversuche einer Situation, die gar nicht mehr erklärt werden musste.

Irgendwann ging mir die Luft aus.

Er blickte uns von oben bis unten an, in unserer aufgesetzten Kleidung, die wir dem Geschäftsleben angepasst hatten und in die wir so gar nicht passten, und er sah, dass alles an uns falsch war. Dann sagte er, ausnahmsweise ganz ohne Arroganz:

»Seht ihr eigentlich nicht, was für Arschlöcher ihr geworden seid?«

Das hatte genügt. Manchmal reicht ein kurzer Satz im richtigen Moment. Wir wussten es ja bereits. Wir hatten nur nicht den Mut, es zuzugeben.

Nach einer Schrecksekunde sah ich zu Günter und musste grinsen.

»Der Mann hat recht! Was ist nur aus uns geworden?«

Günter verstand sofort, und als hätte er schon lange darauf gewartet, riss er sich das Sakko vom Leib, umarmte Harald, und wir liefen lachend aus dem Haus und dieser Episode unseres Lebens davon.

Dieser Geschichte hätte ich mich entsinnen müssen, als der Wirt in mir unmerklich den Künstler verdrängte.

War ich anfangs noch so sehr von meiner Funktion als künstlerischer Leiter in Anspruch genommen, dass mir die Wesensveränderung nicht auffiel, hatte ich später keine Kraft mehr, mir ins Gesicht zu blicken. Etwas hatte von mir Besitz ergriffen, was ich bis dahin nicht kannte: die Faszination der Macht.

Meine Konzerte sah ich (und sehe es bis heute so) als

große Umarmung an. Vielleicht hat man eine gewisse Macht auf der Bühne, aber die muss dann doch der Zärtlichkeit weichen. Und ich glaube auch nicht, dass man mit Musik Macht ausübt.

Man verzaubert im besten Fall, trifft die Menschen ins Herz, aber das verändert die Person des Künstlers nicht. Beim Klavierspielen hat man normalerweise keine Spielchen nötig.

In meiner Funktion als umschwärmter Promiwirt aber genoss ich meine Machtposition.

Viele Frauen versuchten mich im Kaffee Giesing kennenzulernen. Viele lernte ich kennen.

Doch selbst wenn ich gewollt hätte: Den Angestellten gegenüber konnte ich meine Machtposition nicht ausspielen. Sie hatten Macht über mich. Ich überließ ihnen die Geschäfte, kümmerte mich nicht um Abrechnungen und Bilanzen und wunderte mich, als man mir nach einigen Monaten eröffnete, das Kaffee stünde kurz vor der Pleite.

Ich konnte es nicht fassen. Jeden Abend mussten wir Leute nach Hause schicken, weil wir überfüllt waren, die Ober kamen nicht nach mit Einschenken, es gab kaum ein Lokal in München, das besser lief – und wir schrieben rote Zahlen!

»In der Gastronomie wird immer beschissen«, erklärten mir erfahrene Wirte, die ich um Rat gefragt hatte. »Und wenn du dich nicht selber um jeden einzelnen Abrechnungsbon kümmerst, hast du keine Chance.«

Ich wollte es nicht glauben, und will es bis heute nicht wahrhaben. Wir waren doch so ein tolles Team und hatten so viel Spaß miteinander.

Vielleicht zu viel Spaß?

Es ist nicht meine Art, anderen die Schuld zu geben an meinem Versagen.

Ich war nun mal kein Wirt, und ich kann niemandem übel nehmen, wenn er das ausnützt.

Vermutlich tranken einfach zu viele alte Freunde auf meine Kosten. Ich hatte mich ja selbst meistens nicht mehr im Griff, wie dann meine Gäste?

Irgendwann sprach sich auch bei den örtlichen Dealern herum, dass nicht nur der Chef nicht abgeneigt war, sich ab und zu etwas zu erfrischen. Die Herrentoilette wurde bald mehr zum Treffpunkt für angeregte Diskussionen als zu einem Ort zur Verrichtung der Notdurft, und besondere Gäste empfing ich in meinen Privaträumen im ersten Stock.

Die Verlockungen der eigenen Kneipe waren zu groß.

Ich bin ihnen erlegen.

Kurz vor meiner Verhaftung war ich nicht nur als Wirt unbrauchbar, ich war nicht mal mehr ein Repräsentant meiner eigenen Idee. Zu Recht versuchte mein Personal, das den Laden mittlerweile in eigener Regie weiterführte, mich vor den Gästen zu verstecken.

Ich war nicht mehr vorzeigbar.

Dann verkroch ich mich in die Kellerräume meines Hauses in Grünwald.

Zum Koksen.

Zum Sterben.

zerschlagenes herz

Endlich bist du wieder unten,
wieder mitten im Geschehn.
Hast dich plötzlich losgebunden,
um als Mensch zu überstehn.

Wieder barfuß auf dem Boden,
wieder dort, wo uns die Welt,
losgelöst von Muss und Moden,
ansatzweis zusammenhält.

(1981)

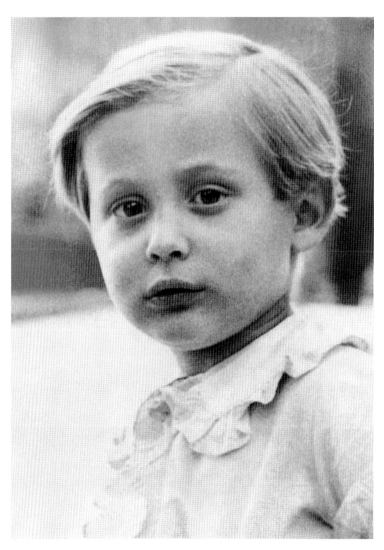

Konstantin Wecker als Fünfjähriger.

Mit seinem Vater Alexander Wecker, 1981.

1974 – ein Pressebild.

1981 in Italien.

Konstantin Wecker in seinem Landhaus in Ambra (Toskana), 1982.

*Konstantin Wecker auf einem Konzert in München, 1995,
kurz vor seiner Verhaftung.*

Mit seiner Mutter Dorothea Wecker, 1998.

Konstantin und Annik Wecker mit den beiden Söhnen Valentin und Tamino, 2006.

»Das Opfer, das Gott gefällt, ist ein zerknirschter Geist; ein zerbrochenes und zerschlagenes Herz wirst Du, Gott, nicht verschmähen«, heißt es in einem Psalm, den ich bei meinem Aufenthalt im Kloster Andechs jeden Samstag mit den Benediktinermönchen gemeinsam rezitiert habe.

Da sträuben sich einem zuerst die Nackenhaare, und man denkt an eine katholische Kirche, die seit zwei Jahrtausenden nichts unversucht ließ, um sich ihre Schäflein zerknirscht und zerschlagen zu halten. Und trotzdem konnte ich mich der Wucht dieser Worte und ihrer Weisheit nicht entziehen.

Und sie haben sich in meinem Leben bewahrheitet. Mit diesem zerschlagenen Herz ist nach meiner Erfahrung die seelische Verfassung eines Menschen gemeint, der so viel verloren hat, dass er an sich selbst nichts mehr beschönigen kann. Der tiefste Abgrund des menschlichen Daseins, des Verlassenseins: Man hat kein Ich mehr, an das man sich klammern könnte, keine Persönlichkeit mehr, in die man sich flüchten könnte, der letzte Rest von Hochmut ist dahin.

In diesen Phasen des Lebens lernen wir zu begreifen, dass nicht die Wirklichkeit das Problem darstellt, sondern die Erwartung an die Wirklichkeit. Dass wir nichts brauchen, um das Leben zu verstehen, sondern einzig etwas verlieren müssen: unsere Vorstellungen und Vorurteile, unsere Ängste und Konditionierungen.

»Die Welt ist nicht wissbar, und erst wer in seinem Leben die eigene Verwundbarkeit kennengelernt hat, wird wirklich lebendig«, habe ich mir nach einem Vortrag des Physikers Hans-Peter Dürr einmal ins Tagebuch geschrieben.

Während meines zweiten Gefängnisaufenthalts (nach meiner Verhaftung wegen Drogenbesitzes im Jahre 1995) und in den aufreibenden Jahren meiner drei Prozesse befand ich mich in diesem Abgrund. Die schwierigste und auch erkenntnisreichste Zeit meines Lebens, von der ich noch berichten werde.

»Unwissenheit ist nicht Mangel an Wissen, sondern an Selbsterkenntnis; ohne Selbsterkenntnis gibt es keine Intelligenz«, heißt es im »Notizbuch« des Krishnamurti. Und die Zeiten existentieller Hilflosigkeit sind der ideale Nährboden für die Begegnung mit sich selbst.

Ich habe es erlebt, aufgefangen zu werden, als alle Hoffnung geschwunden war. Etwas in uns nimmt sich unseres zerknirschten Geistes und unseres zerschlagenen Herzens gerade in Augenblicken größter Verzweiflung an.

Natürlich habe ich mich immer wieder mit Gewissensbissen gequält, wenn mich mein wildes Leben in ausweglose Situationen gebracht hat, wenn ich wieder mal unmoralisch war im Sinne der Anklage, wenn mein Sündenkonto übervoll war. Aber sind nicht Sünder und Heilige zwei Seiten einer Medaille? Folgen sie nicht beide derselben Logik?

Ich halte es mit Osho: »Wenn man wirklich will, dass die Sünder aus der Welt verschwinden, sollte man zuerst die Heiligen verschwinden lassen.« Diese Kategorien sind zu abhängig von der jeweiligen Kultur und Gesellschaftsform, der sie entspringen, als dass man ihnen vertrauen könnte. Erst wenn man alles aufgegeben hat, was einem wider den eigenen Willen aufgezwungen wurde, kann man seinem Gewissen folgen. Das ist wirkliche Rebellion, und nur der rebellierende Mensch kann sich entwickeln.

Die Realität ist nichts anderes als eine Interpretation der Wirklichkeit. Und, auch wenn man mit ihr zweifellos auskommen muss, es ist falsch, sie nicht immer wieder infrage zu stellen.

Ein zerschlagenes Herz, wirst Du, Gott, nicht verschmähen!

Als im November 1995 zehn Beamte des BKA meine Villa im Münchner Vorort Grünwald stürmten, mit ihren Pistolen rumfuchtelten und über vierzig Gramm Kokain fanden, hatte etwas in mir mit dem Leben bereits abgeschlossen, war mein Herz schon zerbrochen. Die sündhaft teure Miete des kalten Luxusanwesens war schon seit Monaten nicht mehr bezahlt, und selbst meinen Dealer versuchte ich mit ungedeckten Schecks zu vertrösten.

Wie konnte ein Mensch, der immer die Nähe zu den einfachen Menschen gesucht hatte, sich so hinter den Mauern eines protzigen Eispalastes verstecken, in einer Gegend, in der man höchstens mal den Chauffeur des Nachbarn zu Gesicht bekommt? Wie konnte es passieren, dass ein Sommer-, Sonnen- und Lebenshungriger seine letzte Hoffnung in den Ausbruch eines Krieges, ein Erdbeben oder einen Herzinfarkt legte?

Oder, um die unausweichliche Frage aller Kranken zu stellen – wie konnte das ausgerechnet mir passieren?

Ich habe später, bei meiner Gerichtsverhandlung, immer

wieder versucht, dem Staatsanwalt klarzumachen, dass die Tatsache, dass ich ein Haus für fünfzehntausend Mark im Monat gemietet hatte, Beweis genug sei für meine Unzurechnungsfähigkeit. Er akzeptierte dieses Argument nicht. Er hatte wohl Bedenken, damit all die reichen und schicken Münchner aus meiner Nachbarschaft ebenfalls des Irrsinns zu bezichtigen.

Unabhängig von den Drogen glaube ich, das Schicksal hätte mich in jedem Fall zu diesem oder einem späteren Zeitpunkt in ein tiefes Loch gestoßen, denn fallen musste ich wieder mal, tiefer als je zuvor. Zu vieles war verhärtet in diesen Jahren des Erfolgs, der mir zu selbstverständlich geworden war. Denn statt mir meines Selbsts bewusst zu werden, wurde ich selbstherrlich, und das alles wurde mir bitter deutlich – von der ersten Sekunde meines Alleinseins in der Zelle des Polizeireviers an.

Nun hatte mich auch noch der am Ende treueste Gefährte im Stich gelassen: das Kokain.

Die ersten Tage nach meiner Verhaftung habe ich wie im Halbschlaf erlebt. Ich ahnte instinktiv, dass ich nur noch einige Wochen zu leben gehabt hätte, und trotz der Qualen dieses unvorbereiteten Entzugs war etwas in mir dankbar und froh. Wie weit hatte ich es doch kommen lassen: Ich hatte mich aufgegeben, bestritt das noch großmäulig vor mir selbst und anderen, steuerte jedoch mit zynischem Gleichmut dem Ende zu.

Mir war von Anfang an bewusst, dass ich nicht nur auf die Droge verzichten musste, sondern auf die gesamte Lebensweise der letzten Jahrzehnte. Und dass der Gott der alten Herrlichkeit, dieses Lebens von Ausleben zu Ausleben zu Ausleben, ein eifersüchtiger Gott sein würde.

Anfangs wirkte er auch noch gewaltig in meine Phantasien hinein. Bilderfetzen vergangener Exzesse durchfluteten mein Hirn, und meine einzige Waffe gegen diese Invasion war die Erinnerung.

Erinnern an die Zeit vor den Drogen, als man glücklich sein konnte ohne Vorbedingungen und ohne Hilfsmittel. Erinnern an die Kindheit etwa.

Eine Kindheit, die sicher auch nicht schmerzlos war und frei von Ängsten, aber doch eine Zeit der bedingungslosen Lebensfreude. Eine Kindheit, die mir das Urvertrauen mit auf den Weg gab, in der Welt aufgehoben zu sein.

Es genügte ein Lächeln der Mutter, ein winziger Sonnenstrahl, den man durchs Zimmer jagen konnte, ein tanzendes Herbstblatt, das sich fangen ließ, ein Himbeereis, um alle Sorgen zu vergessen.

Als ich vor einigen Jahren an einem Wintermorgen übel gelaunt an die Unmengen Schnee dachte, die ich von meinem Auto zu schaufeln hatte, sah ich einen meiner Buben am Fenster stehen, wie er mit riesengroßen Augen die tanzenden Schneeflocken betrachtete.

»Papa, es schneit«, rief er überglücklich und fasziniert von diesem Ballett.

Ich stellte mich zu ihm, nahm ihn in den Arm, und wir schauten ein paar Minuten dieser wunderbaren Choreographie zu. Ein Moment, der mir deutlich vor Augen führte, was ich verloren hatte.

Ich glaube, wer nie abhängig war, kann nicht wirklich ermessen, wie unmöglich und unwirklich einem ein Leben ohne Drogen erscheint. Und es hat auch gar keinen Sinn, sich einzureden, man könne nun den Rest seines Lebens rauschfrei verbringen. Man kann sich immer nur der nächsten Stunde, dem nächsten Tag widmen. Tag für Tag, Woche um Woche der gleiche Kampf. Sich die Wirklichkeit eines Daseins ohne Drogen zurückzuerobern ist mühsam und ein Weg der kleinen Schritte.

Hier spricht kein Geläuterter, wie man mir manchmal unterstellen wollte. Ich bin nach wie vor gefährdet, nicht gefeit vor Rückfällen, bin wie so viele andere oft genug immer noch verstrickt in Sehnsüchte nach diesen Augenblicken, da man die Ewigkeit zu fassen glaubt. Und immer noch herzlich denen verbunden, die es nicht geschafft haben, die am Boden liegen, ausgezählt, abgeschoben, vergessen. Und ich möchte nicht eintauchen in die Abgründe und Schattenseiten all der braven unantastbaren Bürger, die sich erregen über die Schwäche der anderen, ich möchte nicht dabei sein, wenn sie die Haustüre zugeschlagen haben und ihr wahres Gesicht zeigen. Es ist schon schlimm genug, den eigenen Lügen unter die Augen zu treten.

Immer wieder werde ich gefragt, ob ich stolz auf meine Irrwege sei, meine Abenteuer, meine Erfahrungen.

Wie könnte ich? Wie könnte ich stolz sein auf ein Leben, das ich vermutlich gar nicht anders hätte leben können?

Ich hab zum Stolz kein gutes Verhältnis. Ich bin nicht stolz auf mein Vaterland, auf »unsere Jungs« in Afghanistan, auf den Wirtschaftsaufschwung und auch nicht auf mich und ein Talent, für das ich erstens nichts kann und das ich zweitens oft sträflich vernachlässigt habe.

(Na ja, manchmal, das muss ich gestehen, eines gewissen Vaterstolzes kann ich mich nicht erwehren, auch wenn mir das dann ziemlich peinlich ist ...)

Geschichte ist nicht zu verändern. Man kann aus ihr nur lernen. Und wenn es um die eigene Lebensgeschichte geht, bleibt einem nur, sie anzunehmen. Das Leben ist schrecklich und schön. Und ich möchte mein schrecklich schönes Leben nicht missen.

Ja, um ehrlich zu sein, es ist immer noch zerschlagen, dieses Herz, und es gibt keinen, dem ich die Schuld geben könnte. Es hat sich nie mehr wirklich erholt von dem, was ich ihm angetan habe, und viele Leute sind geschockt, wenn ich ihnen gestehe, dass es Augenblicke gibt in dieser uferlosen und hemmungslosen Zeit, nach denen ich mich zurücksehne. Momente der völligen Verantwortungslosigkeit, angefüllt ausschließlich von der Hoffnung auf einen guten, alles benebelnden und die Wirklichkeit verschleiernden Kick. Auf die sinnlosen und meistens dummen Gespräche, das scheinpotente Geplapper, die falschen Freundschaften und selbst auf die qualvollen, aber intensiven Augenblicke des Entzugs, solange man noch glaubte, der Wahnsinn geht irgendwann wieder weiter. Selbst der stets präsente Tod hatte eine gewisse Süße, man sehnte sich nach seiner Umarmung. Lügen, nichts als Lügen – warum nur hat das alles noch seinen Reiz?

Das ist natürlich nicht immer so, sonst würde ich mich ja sicher wieder hineinstürzen in dieses Verderben.

Aber manchmal, wenn einem die Leichtigkeit des Seins so gar nicht glücken will und einem das eigene Alter wie ein Mühlstein um den Hals hängt, ja, dann, dann feiern die Geister der Vergangenheit Karneval, dann schlägt einen der Prankenhieb der Nostalgie.

Ebenso wenig wie es sinnvoll wäre, diese Gedanken nicht vor sich selbst und – warum nicht auch vor anderen – zuzugeben, wäre es falsch, sich von ihnen vereinnahmen zu lassen.

Es steht nirgends, in keinem der wirklich weisen Bücher geschrieben, dass das Leben ein andauernder Genuss zu sein habe und dass es die Bestimmung des Menschen sei, um jeden Preis und sozusagen hauptberuflich glücklich zu sein.

Mit dem Wahn des Glücklichsein-Müssens geht nur das »Herzklopfen für das Wohl der Menschheit in das Toben des verrückten Eigendünkels« über, wovor uns Hegel schon gewarnt hat.

alles leichte wird so schwer

Hol mich raus, ich kann nicht mehr,
alles Leichte wird so schwer,
und was gilt, das geht dahin.
Kokain, Kokain.

Bin nicht wirklich, bin nur ausgeliehn.
Kokain, Kokain.
Nur noch Nacht, wo früher Sonne schien.
Kokain, Kokain.
Baust mich auf und bist doch mein Ruin.
Kokain, Kokain.

(1993)

Das Kokain begleitete mich seit meinem dreißigsten Lebensjahr. In meinem Roman »Uferlos« habe ich ausführlich beschrieben, wie ich mit der Droge bekannt gemacht wurde. Und wie ich an ihr hängen blieb. Mein Staatsanwalt liebte dieses Buch. Jedenfalls kannte er es fast auswendig und zitierte daraus fehlerfrei, wenn es darum ging, mir aus meinen Worten einen Strick zu drehen. Einmal hörte ihn ein Freund in einer Prozesspause sagen: »Seit der Veröffentlichung dieses Romans verfolge ich Wecker. Ich hatte Zeit. Aber ich wusste, dass ich ihn eines Tages verhaften würde.«

Dabei machte er, so wurde mir berichtet, einen sehr zufriedenen Eindruck. Er wippte mit seinem mächtigen Körper hin und her, wenn er sich im Recht fühlte. Und ein Staatsanwalt fühlt sich ja schon von Berufs wegen immer im Recht.

Bei der Haftprüfung, bei der ein Richter entscheidet, ob man bis zum Prozess in Untersuchungshaft bleiben muss oder nicht, führte der Staatsanwalt die Stelle aus »Uferlos« an, wo »ich« für einen Kurztrip nach New York geflogen war, um in einem Headshop Koks-Accessoires zu kaufen.

»Da steht es doch geschrieben«, sagte er eindringlich zum Richter und deutete auf die Stelle. »Er fährt bei nächster Gelegenheit nach Amerika! Der Mann ist extrem fluchtgefährdet. Den kann man nicht aus der Haft entlassen.«

»Das ist ein Roman«, sagte ich und trug dem Haftrichter ein Lied vor, das ich in der Nacht zuvor geschrieben hatte.

Er war ein feiner Mann, hatte Sinn für Musik und vermutlich auch etwas gegen wippende große, dicke Staatsanwälte, und er entließ mich.

Das war die Rettung, denn ich hatte noch drei Drehtage von »Dr. Schwarz und Dr. Martin« zu drehen, einer Fernsehserie mit Senta Berger. Wenn ich sie nicht mehr gedreht hätte, wäre die ganze Folge ausgefallen und ich hätte Millionen zahlen müssen. Ich hatte nämlich beim Unterschreiben meiner Ausfallversicherung angegeben, noch niemals Drogen genommen zu haben.

Ein paar Minuten nach meiner Verhaftung schon machte der Staatsanwalt mir ein unsittliches Angebot. Ich solle ihm ein paar prominente Kokser nennen und ich würde keine Sekunde in den Knast gehen.

Ich hätte ihm die Hälfte des Prominentenaufgebots der Bunten und der Gala nennen können. Mit vielen war ich schon mal auf irgendeinem Klo gewesen und hatte mir irgendwas in die Nase gezogen.

Ich lehnte das Angebot dankend ab.

So was macht man einfach nicht. Mit dem Staat zusammenarbeiten.

So hab ich das schon von meinem Papa gelernt.

Und der musste es wissen.

Übrigens hat mir keiner von denen geholfen. Geholfen haben mir die, mit denen ich nie Drogen genommen hatte.

Zum Beispiel Dieter Hildebrandt, der in der Fernsehsendung »Scheibenwischer«, in der ich auftreten sollte, aber zwecks Inhaftierung nicht mehr konnte, kurz und bündig sagte:

»Der Konny ist heute verhindert.«

Gelächter.

»Aber durch den Knast verliert man keinen Freund.«

Fast zwanzig Jahre lang gaukelte ich mir vor, meine Sucht im Griff zu haben. Es gab oft lange Zeiten, in denen ich clean war, sportlich und fit. Das bestätigte mich. Dann wieder gab es Wochen, in denen ich tief im Drogensumpf steckte und mir einredete, das sei der Preis für ein Künstlerleben.

Irgendwann dann hatte mich das Schnupfen gelangweilt, denn der Kick war auch mit großen Mengen nicht mehr herzustellen. Ich wollte irgendwas aufregendes Neues, denn ich kam mit mir nicht mehr klar.

Alle Beziehungen gescheitert, wahllose Sexualität als Ersatz für Zärtlichkeit, unfähig, mich einem Menschen hinzugeben.

Umso mehr Hingabe forderte ich ein. Das alte Spiel. Was man selbst zu geben nicht in der Lage ist, erwartet man um so intensiver von den anderen.

Ich war sechsundvierzig Jahre alt, erfolgreich und berühmt und nicht mehr in der Lage, mit mir auszukommen.

Meine Leidenschaft war mir abhandengekommen, und ich begann den zu spielen, von dem ich glaubte, dass er von den Leuten erwartet wird.

Zum ersten Mal in meinem Leben war ich nicht mehr echt.

Wenn ich auch früher manchmal unglaubliche Dummheiten gemacht habe – ich *war* dieser Mensch in diesem

Moment. Ich musste ihn nicht spielen. Ich hätte gar nicht gewusst, wie das geht.

Nun hatte ich mich selbst verloren.

Ich war nicht mehr identisch mit mir.

Fast das ganze Frühjahr und den darauf folgenden glühend heißen Sommer 1994 hatte ich mich in meinem Keller verbarrikadiert, in dem sich mein Tonstudio befand, ängstlich darauf bedacht, jedem Funken Sonnenlicht, jedem Anhauch von Wärme zu untersagen, meine Augen oder mein Herz zu berühren.

Außer dem Schreiben einiger Liedzeilen, geboren aus einer Sehnsucht, die sich in einer abgelegenen Kammer meiner Seele noch gegen die Versteinerung wehrte, außer einigen flüchtig hinskizzierten Melodien war ich fast ausschließlich mit »Backen« beschäftigt, sosehr ich mir auch einzureden versuchte, mich an bedeutenden künstlerischen Werken aufzureiben.

»Backen« ist die euphemistische Bezeichnung der zeit-, kosten- und nervenzerrüttenden Verarbeitung von Kokainpulver zu rauchfertiger Base.

Diese »Kunst« besetzt schon nach kurzer Zeit das ganze Leben, und man sinnt Tag und Nacht nur noch auf neue, effektivere Methoden zu backen, ist nur noch damit beschäftigt, sich mit Werkzeug einzudecken wie Bunsenbrennern und Aluminiumlöffeln – in den Hotels, kaum angekommen, bestellte ich mir immer eine Suppe, die ich nicht aß, nur um an den Löffel zu kommen – Döschen zur Aufbewahrung – und, last not least, Pfeifen aller Art. Man kann das mehr oder weniger gelungene Produkt in Wasserpfeifen oder in kleinen, kurzen Metallpfeifchen rauchen, auf mit Silberpapier abgedeckten wassergefüllten

Gläsern – ich bevorzugte Haschpfeifen, deren Köpfe ich mit Asche füllte, da sich darauf das Bröckchen besser abbrennen lässt.

Der Kick des ersten voll durchgezogenen Zuges ist so gigantisch, dass man ihn nie mehr vergisst und sich der sofortige Wunsch, nein, die Notwendigkeit, ihn auf der Stelle zu wiederholen, für immer ins Hirn programmiert.

Die größte Gemeinheit aller Drogen ist wohl, dass sich das erste gelungene Mal nie mehr wiederholen lässt und man sich anschließend eigentlich nur noch auf der Suche nach diesem verlorenen Glück befindet.

Die Gier nach einem geglückten Zug aus der Pfeife auf den nächsten ist mit nichts vergleichbar. Diese Droge ist wirklich eine moderne Droge – sie lässt einem nicht einmal Zeit, den ersehnten Kick zu genießen, da es einen schon währenddessen dazu treibt, den nächsten Zug aufzubereiten. Und weil man sich das Produkt ja selbst äußerst laienhaft herstellt, fällt das Ergebnis immer anders aus. Mal macht es ruhiger, mal speediger, mal lähmt es einen kurz, mal reißt es einem die Schädeldecke auf – als wären die Wirkungen aller Drogen dieser Welt in dieser einen enthalten. Was anfangs noch spielerischer Austausch ist von Erfahrungen, die verschiedenen Zubereitungsmethoden betreffend, wird schon bald zur Obsession. Tag und Nacht wird experimentiert und geraucht, geraucht und experimentiert. Manche aus der Szene schwören auf Ammoniak statt Natron, neueste Meldungen warnen vor Silberlöffeln, irgendeiner hat sich beim Aufkochen das Gesicht verbrannt, die Hände verätzt, dazwischen wieder Atemlähmung, Herzstillstand, und bei all dem Verschleiß des Grundstoffs wird es bald zur Selbstverständlichkeit, wenigstens hundert Gramm Koks im Haus zu haben, um den nächsten zwei, drei Tagen einigermaßen beruhigt entgegensehen zu können.

Bald traut man dem besten Freund nicht mehr, man versteckt seine Droge nicht mehr vor der Polizei, sondern nur noch vor Mitbewohnern und Eindringlingen. Jeder ist ein Feind, der einem ans Leben will: an den nächsten Kick nämlich, den einen ultimativen Zug, der einen mit allem Stress versöhnt, für ein paar Sekunden ins Nirwana katapultiert.

Bei einem guten LSD-Trip bist du zwölf Stunden, manchmal länger auf der Reise. Ein Heroinschuss lässt dich ein paar Stunden lang die Entzugsangst vergessen. Nach einem Näschen kann man manchmal sogar prächtig einschlafen. Die Gier nach einem Zug aus der Basepfeife aber lässt dich alle paar Minuten erneut zum Monster werden.

Base ist Junk, das hat nichts mehr zu tun mit einer Partydroge, das hat nichts Schickes mehr an sich, da kann man sich nicht mehr kurz auf dem Klo im Nachtcafé verabreden, da wagt man sich nicht mehr unter die Leute.

Was für ein Stress war das, wenn ich noch ab und zu aus beruflichen Gründen außer Haus musste, zu Dreharbeiten zum Beispiel. Ich hatte Bröckchen vorzubacken, Bunsenbrenner einzustecken, Pfeifchen zu präparieren, aber während all dieser Vorbereitungen durfte natürlich mein Konsum nicht zu kurz kommen, was bedeutete, dass die Vorarbeiten, um ein paar Stunden außer Haus gehen zu können, oft eine ganze Nacht beanspruchten. Da ich alle zehn Minuten meinen Zug brauchte, um nicht völlig durchzudrehen, musste ich alle möglichen Ausreden ersinnen, um immer wieder vom Set in eine dunkle Ecke verschwinden zu können. Blasenschwäche, Kreislaufprobleme, Telefonate mit notleidenden Verwandten – was für ein Netz aus Lug und Trug, das natürlich jeder umso mehr durchschaute, als ich mich früher solcher gesellschaftsfähiger Lügen äußerst selten bedient hatte. Jeder, der diesen aufgedunsenen, stark vorgealterten Mann genau ansah, ahnte, dass er irgendeiner Sucht anheimgefallen war. Nur welchem Laster ich wirklich frönte, wusste niemand genau.

Und welches Entsetzen, wenn nur noch ein paar Gramm im Haus waren. Wände wurden aufgeschlagen, hinter denen ich Depots vermutete, verschüttete alte Brocken vom Teppichboden gekratzt, Möbel zerfetzt in der Hoffnung, Reste zu finden – wie unwürdig, wie ekelte ich mich vor mir selbst.

Ein Leben ohne diese Droge war in meinen mir erdenkbaren Wirklichkeiten nicht mehr möglich, und so feuerte ich mich mit dem letzten Rest Energie, den ich mir für Sekunden mit ungeheuren Mengen Base noch herstellen konnte, zu immer abstruseren Vorstellungen an: Die noch verbleibenden Jahre in Bolivien verbringen, den Konsum auf genau fünf Gramm pro Tag beschränken (eine Vorstellung fast schon mönchischer Abstinenz). Wobei die reale Umsetzung solcher Ideen – zum Beispiel, aus welchem Zaubertopf ich tausend Mark pro Tag schöpfen sollte – nie ein Thema war. Ich hatte jeden Bezug zur Realität verloren.

Irgendwann wird die Sucht so lebensbestimmend, dass die Illegalität nichts Reales mehr an sich hat.

In diesem unseligen Jahr 1995 ließ sich mein Prinzip, nie vor einem Konzert andere Drogen zu nehmen als ein Glas italienischen Weißweins, auf Grund meiner extremen Abhängigkeit beim besten Willen nicht mehr durchhalten. Ich vermochte sogar die Stunde bis zur Pause nicht mehr durchzustehen ohne einen Zug aus der Basepfeife und ließ deshalb meine Musiker immer häufiger Instrumentals spielen, um mir schnell mal hinter der Bühne das bestens vorbereitete »Bröckchen« zu geben. Welch neckischer Diminutiva man sich doch bediente, um die Monstrosität der Situation zu verniedlichen.

Die letzten Monate vor meiner Verhaftung wagte ich mich kaum mehr aus meinen Hotelzimmern. Ständig schweißüberströmt, aufgeschwemmt auf Grund von Nierenstörungen, weit aufgerissene Augen, wirrer Blick, kaum mehr in der Lage, meine Bewegungen in einem gesellschaftlich akzeptierten Maß zu koordinieren, hatte ich Angst, allein schon wegen meines Aussehens verhaftet zu werden.

Die Bühne bot mir noch einen gewissen Schutz, da ich mich nirgends so zu Hause fühlte wie dort und ich mich nirgends so selbstverständlich bewege wie am Klavier. Außerdem hoffte ich, mit Hilfe der Zauberkraft der Töne und dem inbrünstigen Flehen meines Gesanges mein katastrophales Äußeres etwas vergessen zu machen. Auch wenn ich mir immer wieder, sobald ich genügend bedröhnt war, mein Elend schönzureden versuchte, mir sogar einredete, ungeheure Bewusstseinssprünge zu machen, der Wahrheit ganz nahe zu sein – meine Stimme konnte den großen Schmerz über mein Versagen nicht verhehlen. Viele Fans schrieben mir damals erschüttert. Sie fühlten, dass ich sehr krank war, und wollten mir beistehen.

Nichts ließ ich an mich heran, was mich aus der Welt derer zu erreichen suchte, die keine Drogen nahmen. Meine Mutter nicht, Warnungen guter Freunde, Hilfestellungen besorgter Menschen. Es scheint fast, als hätte es damals keinen Zwischenraum gegeben, in dem sich diese verschiedenen Wirklichkeiten hätten berühren können.

Meistens befand ich mich beim Konzert auf zwei verschiedenen Bewusstseinsebenen gleichzeitig. Ich spielte manches makellose Solo, während sich ein anderer Teil meines Ichs in einer Art Traumzustand befand, in dem mich die heftigsten Phantasien bestürmten.

Meine größte Sorge auf der Bühne war es, dass sich Wortfetzen dieser Bilderfluten in meine Texte mit einmengen könnten, was immer häufiger passierte. So forderte ich meine Zuhörer einmal mitten in einem Text auf, »sie möchten doch schon mal Asche sammeln«. Ein anderes Mal sprang ich während eines Liedes vom Flügel auf, weil ich dachte, ich hätte zu Hause verschlafen und müsse sofort zum Konzert.

Mit dieser Droge löst sich jedes Zeitgefühl ins Nichts auf, eigentlich ein wundervoller, erstrebenswerter Zustand; sicher auch ein Grund, warum man ihr so schnell verfällt.

Nicht nur die Zeit, auch der Raum spielt im herkömmlichen Sinn keine Rolle mehr, da durch die Verengung des Blicks die Wahrnehmungsfähigkeit entfernterer Welten gesteigert wird. Das ging so weit, dass ich manchmal nur noch solche Welten wahrnahm: Ich war taub gegenüber allem, was in meinem Zimmer geschah, und hörte dafür deutlich eine kilometerweit entfernte U-Bahn rumoren.

Es war mir bald unmöglich, ein Konzert auch nur annähernd pünktlich zu beginnen, oft war ich um zwanzig Uhr noch im Hotel am »Backen«. Nicht, dass ich nicht auf die Bühne wollte – ich war einfach nicht mehr in der Lage zu unterscheiden, wann und wo die intime Beschäftigung mit der Droge dem Singen und Klavierspielen zu weichen hatte und warum man Kunst und Droge nicht vermengen durfte.

Es ist wahrscheinlich der Unwissenheit des Staatsanwaltes zuzuschreiben, wenn er behauptete, man könne keine Konzerte geben im Zustand der Unzurechnungsfähigkeit. Vielleicht hatte er noch nie die richtigen Konzerte besucht, ob Rock oder Klassik, Oper oder Mönchsgesänge: Man muss geradezu unzurechnungsfähig sein, um ein gutes, beseeltes Konzert zu geben.

Ärgerlich ist nur, dass ich für diese beglückenden Momente der Unzurechnungsfähigkeit früher wie heute eigentlich keine Drogen brauchte, dass mir das aus der Musik heraus gelang und gelingt und ich die Drogen am Ende nur noch benötigte, um mich vom Hotelzimmer auf die Bühne zu schleppen.

nichts mehr zu beschönigen

Das ist die hohe Zeit der Tropenträume,
ein Flügelschlag nur bis zum Meer,
und alles, was ich jetzt versäume,
erreicht mich bis ins Grab nicht mehr.

Der Tod hat viel zu schwere Flügel,
ihn hält es nicht in meinen Höhn.
Er ist das Pferd. Ich halt die Zügel.
Er überdauert. Ich werd überstehn.

Das brandet an. Das ist das Fieber,
das aller Völker Mutter war.
Aus diesem Stoff ist das Gefieder
der Engel. Weiß und wunderbar.

(1990)

Fast hätte man mich in die gleiche Zelle verfrachtet wie dreißig Jahre zuvor. Es hätte sich nicht viel geändert für mich im Münchner Untersuchungsgefängnis Stadelheim, wäre ich noch Jugendlicher gewesen.

Nun kam ich zu den Erwachsenen.

Aus dem Zwei-Sterne-Knast war nicht unbedingt ein Luxushotel geworden. Ich wurde gut behandelt, besser als damals. Vielleicht hatte ich einen gewissen Promi-Bonus bei den Wärtern. Vielleicht lag es auch daran, dass einige ein paar meiner Lieder mochten.

Oder einfach nur, weil ich ein ganz netter Kerl bin.

Ich habe nicht randaliert, war höflich zu den Schließern und viel zu sehr mit dem Lecken meiner Wunden beschäftigt, als dass ich mich groß hätte aufregen können.

Meine Mutter besuchte mich schon nach einigen Tagen und strahlte über das ganze Gesicht:

»Endlich bist du verhaftet. Ich habe dafür gebetet. Jetzt wird alles gut!«

Sie war alt geworden. Die Sorgen um den einzigen Sohn hatten ihr Übriges getan. Aber sie war immer noch bereit zu kämpfen. Wie sie ihr Leben lang gekämpft hatte. Gegen den Krieg, gegen die Armut und auf vielen Demonstrationen mit mir zusammen gegen die Nazis. Manchmal hatte ich Angst um sie, wenn sie in der vordersten Reihe

Aug in Auge mit den geharnischten und waffenstrotzenden Bereitschaftspolizisten stand. Am liebsten wäre sie, glaube ich, mit den Autonomen mitgerannt. Neonazis fand sie noch dümmer als die Nazis ihrer Generation.

»Freu dich, Bub. Das ist deine Rettung. Ich hatte solche Angst, dass du stirbst.«

Sie war die Einzige gewesen, die sich nie mit meinem Zustand abgefunden hatte. Sie musste auch nie schleimen, da sie keine Drogen von mir haben wollte.

Ich sah die Situation genauso wie sie. Ich habe vom ersten Moment meiner Verhaftung an beschlossen, diesen gewaltigen Einbruch in mein Leben als Chance zu einem Umbruch zu ergreifen.

Zum Glück hat mich noch ein Junkie in der Polizeistation davor gewarnt, mich ja nicht in die Krankenabteilung des Knastes verlegen zu lassen.

»Da stecken sie dich als Erstes rein, aber dagegen musst du dich mit Händen und Füßen wehren. Die klauen dir die Haut vom Knochen und reißen dir den Arsch auf.«

»Die Wärter?«

»Quatsch. Die andern Junkies.«

Er war wohl einige Male dort gewesen und erzählte mir wahre Schauergeschichten. Fast jeder hat noch in irgendeiner Körperöffnung Tabletten und Drogen gebunkert, und die meisten scheuen vor nichts zurück, um an etwas Stoff ranzukommen. Und sei es nur, um das Valium der Neuankömmlinge zu erbeuten, das man bei Einlieferung meistens verschrieben bekommt.

Ich beharrte auf einer Einzelzelle und hatte das Glück, im vierten Stock im Neubau ein Zimmer zu bekommen. Im Neubau gibt's Wasserspülung, und im vierten Stock sind keine Gewalttäter untergebracht.

Ich hatte nun wirklich nicht die Nerven, mich auch noch auf dumme Macho-Machtspiele mit irgendwelchen verrohten Zellengenossen einzulassen.

Das konnte ich gerade noch als Jugendlicher ertragen.

Damals im zweiten Stock.

Man könnte sagen, ich bin aufgestiegen.

Am nächsten Morgen erfuhr ich, dass es eine Messerstecherei in der Krankenstation gegeben hatte.

Manchmal muss man eben zum richtigen Zeitpunkt von einem Junkie gewarnt werden.

Der Besuch beim Knastpsychologen war eine Abwechslung im Gefängnisalltag. Mehr nicht. Der Psychologe war ein freundlicher und sicher auch kompetenter Mann. Aber ich war auf der Suche nach einer anderen Stimme. Einer Stimme, die ich wieder in mir selbst zu spüren glaubte. Und nun hatte ich die einmalige Gelegenheit, ihr auch lauschen zu können.

Wir leben in einer Gesellschaft, deren heiligstes Ziel die Ablenkung zu sein scheint. Alle Angebote für die Freizeit spiegeln den kostspieligen Versuch wider, jede freie Sekunde zu verhindern, in der wir in der Stille uns selbst begegnen könnten. Überflutet von vorgekauten Bildern, haben wir kaum noch eine Chance, eigene Vorstellungen von Trauer und Freude zu entwickeln. Man führt uns vor, wie man weint, wann man lacht, warum man sich freut. Und schon längst haben wir vergessen, dass all diese aufdringlich glücklichen Menschen auf den Werbeplakaten nur unsere Verzweiflung zu überspielen versuchen. Unsere Verzweiflung über die Unmöglichkeit, sich Glück kaufen zu können.

Lange dachte ich, ich wäre nicht von dieser Welt, kein

Kind dieser Gesellschaft, nicht geprägt von den Einwirkungen. Ich fühlte mich als Monolith, gefestigt gegen all die schamlosen Versprechen, gefeit gegen Talmi und Tand.

Ich habe mich getäuscht.

Auch die Rebellion gegen Normen und Regeln entspringt einer genormten und geregelten Welt.

Das heißt nicht, dass ich nicht mehr für Rebellion wäre, sondern dass man gut aufpassen muss, welche Beweggründe einen zum Revoluzzer machen.

In den letzten Jahren vor diesem großen Einschnitt hatte ich mich aufgegeben und dennoch die Attitüde des wilden, freien Bürgerschrecks gewahrt.

Einzig in meinen Liedern war ich aufrichtig geblieben, aber was nützt das, wenn die Stimme, die sie singen sollte, versagt?

Nun war mein ausschweifendes Leben auf zwölf Quadratmeter eines nüchternen Raumes reduziert, dessen Einrichtung sich auf ein Bett und ein Tischchen beschränkte, und ich verweigerte mich von Anfang an jeder Annehmlichkeit. Kein Radio, kein Fernsehen, ein paar Schreibhefte und ein Stift, mehr wollte ich nicht an mich ranlassen. Das war kein besonderer Heldenakt der Selbstbeschränkung. Ich hätte mich durch alles andere als das Geräusch des Schreibens gestört gefühlt, behindert in meiner Suche.

Und am dritten Tag geschah etwas, was ich über zehn Jahre vermisst hatte: Ich weinte.

Nicht dieses weinerliche, nach Zuschauern schielende tränenlose Weinen, wohl ein Relikt aus der Kinderzeit, als man mit Schluchzen noch etwas zu erreichen suchte, nein, Tränenfluten lösten sich aus meinem verhärteten Herzen und erweichten es wieder etwas. Ich weinte und weinte. Und diese Tränen flossen nicht aus Selbstmitleid.

Zum ersten Mal seit meiner Kindheit weinte ich aus Scham über das, was ich mir und anderen angetan hatte.

Besonders unangenehme Szenen meines Lebens zogen wie in einem Film an mir vorbei, und das Überraschende und eigentlich gar nicht zu Begreifende an dieser Situation war, dass ich diese Szenen aus der Sicht der anderen erlebte. Ich spürte ihren Schmerz und sah mich selbst mit ihren Augen. Ich hatte teilweise Angst vor mir, ich war mir fremd und ungewohnt und wusste trotzdem: Dieser unangenehme, dieser präpotente, latent gewalttätige Mensch, das bin ich selbst!

Da gab es nichts mehr zu beschönigen, denn ich sah mich wie durch ein Wunder nicht mehr mit meinen eigenen Augen, die sich im Laufe der Jahrzehnte ein festes Bild von mir gemacht hatten.

Natürlich muss man sich jetzt nicht um jeden Preis einsperren lassen, um etwas mehr von sich zu erfahren. Auch ich würde, vor allem angesichts meines Alters, gerne auf ein weiteres Mal verzichten. Aber jeder scheitert eben auf seine Weise.

Vor ein paar Wochen habe ich im Nachlass meiner Mutter die Briefe gefunden, die ich ihr als Neunzehnjähriger aus der Haft geschrieben hatte. Sie strotzen vor Verzweiflung und Schmerzen, Versprechungen und Selbstbezichtigungen, Trauer und enttäuschter Hoffnung.

Ich hatte diese Briefe ganz vergessen. Der Schmerz war groß, aber geblieben ist etwas anderes. Meine Selbsterkenntnis, die intensiven menschlichen Begegnungen, die Augenblicke der Freiheit. Im Nachhinein verklärt sich vieles, und die Phasen des Schmerzes verwandeln sich sogar manchmal in Schönheit.

Auch meine zweite Gefängniszeit war viel dramatischer, als sie sich in mein Gedächtnis eingegraben hat.

Das ist wohl ein Trick der Evolution, um uns daran zu hindern, andauernd im Selbstmitleid über vergangene Not zu ertrinken.

Die Begegnungen mit meinen Mithäftlingen waren ganz anderer Art als früher. Hatte ich damals mit Zuhältern und Schlägern zu tun, so waren diesmal hauptsächlich Steuersünder, Betrüger und ein paar relativ freundliche Dealer auf meinem Stockwerk.

Es ging ruhig zu beim Umschluss, keine Schlägereien, keine Machtspiele. Man ließ mich, im Gegensatz zum ersten Mal, in der Gemeinschaftsdusche so lange warm duschen, wie ich wollte, und drehte mir nicht, nur um mich zu ärgern, schon nach zwanzig Sekunden das Wasser ab.

Hat mir noch seinerzeit der Kalfaktor regelmäßig ins Essen gespuckt, so wurde ich jetzt fast übertrieben freundlich bedient. Erst nach einigen Tagen erfuhr ich den Grund.

In der Küche arbeitete ein Dealer, bei dem ich ab und zu mal ein paar Gramm gekauft hatte. Seine Essenszuwendungen waren der Dank, dass er wenigstens von mir nicht verpfiffen worden ist.

Vor allem aber ergaben sich in der viel zu knappen Stunde, in der die Zellen geöffnet wurden und man sich gegenseitig besuchen durfte, erstaunliche Gespräche.

Die wenigsten sind wohl bereit sich vorzustellen, dass im Knast, unter all diesen Verlierern und Außenseitern der Gesellschaft, immer wieder seltene Blüten zu finden sind, die ihre Einsamkeit und die dadurch bedingte Beschäftigung mit sich selbst zu nachdenklichen, weniger oberflächlichen und manchmal erstaunlich selbstkritischen Menschen gemacht hat.

Dieses dauernde Balzen und Gockeln, sich Aufputzen und Aufplustern, all diese Schwindeleien und Lügen und unsäglichen Eitelkeiten, mit denen man sich rumschlagen muss in der freien Welt, das alles ist in der fast mönchischen Abgeschiedenheit des Knastes nicht gänzlich eliminiert. Aber doch auf ein sehr angenehmes Mindestmaß reduziert.

Es lohnt sich einfach nicht, vor den anderen Knastis die große Show abzuziehen. Man lässt es nach kurzer Zeit bleiben. Man sitzt ziemlich nackt im gleichen Boot. Und man ist so unglücklich, dass es einem leichter fällt, sich zu öffnen.

Ich will das Gefängnis nicht romantisch verherrlichen. Das tat ich, bevor ich das erste Mal eingesperrt war. Französische Krimis haben mein Ganoven- und Gefängnisbild nachhaltig geprägt.

Mir ist durchaus bewusst, dass es auch hier Unbelehrbare, Gewalttätige, seit ihrer Kindheit durchweg gestörte Gesellen gibt. Wie überall. Aber es ist mir wichtig, diesen Aspekt hervorzuheben, weil er gerne und bewusst übersehen wird.

Moralisch machte ich noch nie einen Unterschied zwischen denen drinnen und denen draußen. Dazu leben zu viele Schweinehunde in Saus und Braus und hochangesehen in Freiheit. Menschen, die einfach zu viel Geld haben, um jemals eingesperrt zu werden.

Keine Gangster, nein, hochangesehene Mitglieder unserer Gesellschaft, Wohltäter und Charity-Fürsten, auf jeder Spendengala begeistert umjubelt, von Politikern hofiert, von der Presse lanciert. Wenn russische Mafiabosse sich

Fußballvereine kaufen, zählen nicht mehr die Leichen, die ihren Weg pflastern, sondern nur noch die Millionen, die sie investieren.

Wer keine Lobby hat, wandert eben schneller in den Knast – deshalb haben auch die meisten Zeitungen aus Gründen der Gerechtigkeit meine Inhaftierung eingefordert.

Ich kann sie verstehen, die Zielrichtung war eindeutig: Bei dieser Menge Drogen, die bei mir gefunden wurde, muss jeder kleine Junkie für ein paar Jahre in den Bau. Deshalb sollte ich aus Gründen der Gleichbehandlung auch so lange sitzen. Dieser Logik kann man auch nicht widersprechen.

Aber ich hätte mir damals so sehr gewünscht, es würde seriös darüber debattiert, ob es richtig ist, Drogenkonsumenten zu kriminalisieren! Mein Fall hätte ein Präzedenzfall werden und dadurch auch dem kleinen Junkie helfen können. Aber die Lust am Skandal war bei den meisten größer.

Peter Sloterdijk spricht davon, dass die moderne westliche Gesellschaft aus der gemeinsamen Erregung über Medienskandale ihr Zusammengehörigkeitsgefühl speist. Demnach habe ich damals unserer Gesellschaft eine mächtige Erektion verschafft.

Während meines Prozesses war ich wie im Fieberrausch.

Die Häme, die über mir ausgegossen wurde, vor allem von Spaßmachern des Privatfernsehens, die jedes psychotische Erlebnis, das ich zu meiner Verteidigung erzählte, genüsslich zerpflückten und ins Lächerliche zogen, verletzte mich mehr, als ich es wahrhaben wollte. Auch wenn ich mir selbst solche Sendungen nicht ansah, so wurden mir doch die pikantesten Details von freundlichen Menschen genüsslich zugetragen. Man ist sehr dünnhäutig, wenn man sich der Lächerlichkeit preisgeben muss, um nicht eingesperrt zu werden. Und ich musste meine Psychosen im Detail ausbreiten und von Zeugen bestätigen lassen, um das Gericht davon zu überzeugen, dass ich nicht mehr zurechnungsfähig war.

Ich *musste* erzählen von meinen paranoiden Zuständen, von meinen Wahnvorstellungen, von Geistern, die ich gesehen hatte, Teufelsvisionen – bei dieser ungeheuren Kokain-Menge, deren Besitz ich angeklagt war (genau gesagt sechsundzwanzig Verbrechen des Drogenbesitzes), hatte ich alles aufzubieten, um zu beweisen, dass ich nicht gedealt habe, sondern alles selbst konsumiert.

Viele haben damals nicht verstanden, warum ich nicht einfach geschwiegen habe.

Aber bei den ungeheuren Schulden, die sich in den Jahren zuvor angehäuft hatten, hätte ich keine Chance mehr gehabt, auf die Füße zu kommen, wenn man mich für zwei Jahre eingesperrt hätte.

Das wusste das Gericht auch.

Es wollte nicht, dass ich wieder auf die Füße komme.

Es verurteilte mich zu zwei Jahren und sechs Monaten.

So ist das eben. Die bayrische Justiz ist ja auch kein Wohlfahrtsinstitut. Und so weigerte sie sich auch, mich als Opfer der Droge zu sehen. Den ganzen Prozess über wurde Kokain als große Gefahr für die Gesellschaft verteufelt, doch sobald es auch nur ansatzweise um die Gefahr ging, in die die Droge mich gebracht hatte, wurde ihre Wirkung verharmlost.

Erstmal war ich froh, dass diese Psycho-Peepshow ein

Ende hatte. Das Ganze sollte sich dann im Berufungsprozess noch ausführlicher wiederholen.

Es hatte sich bestätigt, was ich vermutet hatte: Es hätten noch so viele Zeugen aussagen können. Das Urteil stand fest. Basta.

verpfuschtes leben

Immer ist Ort und Stunde.
Immer bist du gemeint.
Und es ist jede Wunde
einmal zu Ende geweint.

So viele Schritte gegangen
egal wohin sie geführt.
Hauptsache angefangen
ab und zu Leben gespürt.

Immer ist wieder und weiter
Immer – das bist du.
Die Tore öffnen, und heiter
schreitet der Tag auf dich zu.

(1986)

»Das verpfuschte Leben des Konstantin Wecker« titelte kurz nach meiner Verhaftung eine Münchner Zeitung, und ich muss zugeben, das liest man nicht gerne. Gescheitert vielleicht, aber verpfuscht klingt so endgültig. Ich ging in dieser Zeit nur noch mit eingezogenem Kopf an den Zeitungsständern vorbei, den Jackenkragen hochgeschlagen, in der Hoffnung, nicht erkannt zu werden.

Die Münchner waren zwar sehr viel freundlicher als die meisten Medien. Viele wünschten mir Mut und alles Gute für meinen Prozess, manche boten mir sogar ihre Hilfe an

Trotzdem zitterte ich vor jeder neuen Schlagzeile.

Und die überschlugen sich. Jeder, der vorgab mitreden zu können beim Thema Wecker oder beim Thema Koks, gab seinen Senf dazu ab. Es genügte zu behaupten, ich würde jemandem Geld schulden oder ich hätte vor Jahren ein Hotelzimmer unordentlich verlassen – viele witterten die große Chance, in meinem Windschatten ins Rampenlicht zu treten. Vielleicht gab's auch ein paar Silberlinge für besonders anrüchige Meldungen. Ich weiß es nicht.

Manches war schlichtweg erfunden und gelogen, anderes hat gestimmt, wäre aber früher nicht mal eine kleine Meldung wert gewesen, geschweige denn eine Headline.

Eine ehemalige Vermieterin erwies sich als besonders

geldgierig. Sie entwendete ein sehr privates Video aus meiner Wohnung und verkaufte es einem Privatsender. Angeblich hätte das Video in ihrem Briefkasten gelegen! Es hatte wohl, wie sein Besitzer, einen krankhaften Wandertrieb.

Mein Anwalt hatte einen Einspruch gegen die Veröffentlichung erwirkt. Der Sender strahlte das Band trotzdem aus, und einer der Justiziare meinte lachend, die Strafe dafür bezahlten sie normalerweise aus der Portokasse.

Es finden sich immer Hyänen, um bereits erlegte Tiere auszuweiden.

Mein Verteidiger, Steffen Ufer, kämpfte wie ein Löwe für mich. Und vor allem glaubte er mir. Er hatte mich kurz nach der Verhaftung gesehen und wusste besser als der Staatsanwalt, wie es um mich bestellt war.

Er erzählte mir, dass es in der Münchner Richterschaft Kreise gäbe, die geglaubt hatten, endlich Che Guevara dingfest gemacht zu haben. Ich hatte mich nie in dieser Rolle gesehen. Aber in Bayern scheinen schon ein paar aufmüpfige Lieder zu solchem Ruhm zu verhelfen.

Umso verständlicher, dass man den kostbaren Fang nicht so schnell wieder unter die Leute lassen wollte. Vermutlich trug auch mein Lied vom Herrn Richter nicht unbedingt zu einer milderen Betrachtung meiner Person bei. Im Refrain heißt es:

»Am Sonntag, am Spielplatz, um dreiviertel zehn,
da lässt der Herr Richter sein Schwänzlein sehn.
Ach hätte er das alles schon früher getrieben,
dann wär' uns ein Richter erspart geblieben.«

Ich wusste nicht, dass meine Werke in Justizkreisen so begehrt waren.

Jedenfalls hat mein Herr Richter dieses Lied gekannt und zitierte es beim Prozess. Eigentlich hatte ich mit dem Song gar nicht unbedingt die Berufsgruppe gemeint, sondern den Richter im Bürger schlechthin. Aber wer sich angesprochen fühlt, wird schon wissen warum.

Noch während meiner Drogenzeit hatte ich mit einer neuen CD begonnen. Nach den Erfahrungen mit grandiosen Jazzmusikern wie Herbolzheimer, Dauner und Mariano wollte ich zu neuen Ufern aufbrechen.

Zurück zu den Wurzeln meiner Jugend, als ich in Kneipen für ein paar Bier Blues und Soul am Klavier spielte. Dieses Gefühl wollte ich mit neuen musikalischen Einflüssen verbinden.

Seit meinem Auftritt 1982 in Wien, mit Harry Belafonte und der südafrikanischen Sängerin Letta Mbulu, die ich am Klavier begleitet hatte, hatte ich davon geträumt, einmal mit afrikanischen Musikern zu spielen. Ich halte diese Musik für spannender, lebendiger und authentischer als die meisten Produkte heutiger amerikanischer oder englischer Popmusik.

Nun schien die Gelegenheit günstig, meine Rückkehr zum Soul mit der Musik Afrikas zu verbinden.

Mit einigen Musikern fuhren wir nach Kamerun, da ich von den ausgezeichneten Chören dort gehört hatte.

Da ich zu diesem Zeitpunkt schon nicht mehr ohne meine Droge auskam, versteckte ich Koks in meinem Keyboard.

Meine Dummheit war grenzenlos, mein Glück ebenso.

Wahrscheinlich hätte ich schon die ersten Monate in

einem Kameruner Knast nicht überlebt, aber vermutlich war für die Zollbeamten die Vorstellung, jemand würde Drogen importieren wollen, einfach zu absurd. Sie waren darauf gedrillt, ausschließlich den Export zu überwachen.

Wir blieben eine Woche in Douala, machten dort Aufnahmen mit einigen Chören und befreundeten uns dann mit den Sängern des Kirchenchores »Les Voies d´Espérance de Douala«. Die Stimmen der Hoffnung.

Mein körperlicher und psychischer Zustand war besorgniserregend, und ich nahm die Zeit dort nur noch wie durch eine Nebelwand wahr.

Ohne meine Mitarbeiter und vor allem ohne die künstlerische Kompetenz meines Keyboarders Jo Barnikel hätte dieses Projekt dort keine Sekunde verwirklicht werden können.

Wir versprachen unseren afrikanischen Freunden, sie in Deutschland mit auf Tournee zu nehmen.

Auf dem Rückflug retteten mich der deutsche Fußball und mein Freund Günter vor der Verhaftung.

Aus Sicherheitsgründen wurden wir, nachdem wir den Zoll schon passiert hatten, noch kurz vor dem Einsteigen in unsere Maschine von französischen Zollbeamten durchsucht.

Ich hatte noch ein Briefchen für den Rückweg in der Tasche und sah auch keine Gelegenheit mehr, es wegzuschmeißen. Vor mir warteten noch etwa zehn Personen, und ich begann zu schwitzen. So stark, dass mich der Beamte zu sich winkte. Er musterte mich von oben bis unten und fauchte:

»Allemand?«

Ich nickte nur. Ich brachte kein Wort raus.

Hinter mir stand Günter. Ich blickte ihn flehentlich an.

Er wusste, dass ich was in der Tasche hatte.
»Monaco?«
Günter drängte sich vor.
»Oui. Oui!«
Da hellte sich die strenge Zollbeamtenmiene auf:
»Ahhh. Bayern Monaco!«
Für Günter, den unverbesserlichen FC-Bayern-Fan war klar, um was es ging, während ich noch an Geographie dachte.
»Franz Beckenbaueeer!«
Der Zollbeamte strahlte und konterte mit einem nasalen
»Gerd Mulleeer!«
Nun war der Bann gebrochen. Selbst ich fand meine Stimme wieder und rief:
»Ölzenbein!«
Günter rempelte mich an und zischte: »Der war nie bei Bayern.«
Jo drängte sich vor:
»Jean Pierre Papin«
»Oui. *Notre* Jean Pierre Papin!«
Nun mischten sich auch noch andere Fluggäste und Zollbeamte ein, ein heiteres Namedropping nahm seinen Lauf, und während man sich lachend die Bälle zuspielte, verdrückte ich mich ins Flugzeug.
Auf einen Raucherplatz.

An einem verschneiten Dezemberabend, nur einige Wochen nach meiner Entlassung, holten wir unsere Kameruner Freunde in München ab.
Noch im Flughafengebäude sangen sie uns ein Sommerlied. Sie hatten Schnee noch nie gesehen. Gleich am nächsten Tag begannen wir mit den Aufnahmen für die

neue CD. Wir mischten sie mit den Tonbändern, die wir aus Kamerun mitgebracht hatten, und ich sang die meisten Titel neu ein.

Das Projekt »Gamsig« sollte der größte Flop meiner Karriere werden.

Was haben wir uns nicht alles vorgestellt! Zu viel, zu gigantisch war der Aufwand, eigentlich unfinanzierbar.

Auch hier sollte sich meine Unfähigkeit, mit Zahlen umzugehen, bitter rächen.

Die aufwendige Tonanlage, die Menge der mitwirkenden Techniker, ein fünfzehnköpfiger Chor und sieben Musiker, eine völlig hypertrophe Lichttechnik – alles in allem ein Konzept, das vielleicht in den größten Hallen des Landes aufgegangen wäre.

Die Hallen hatten wir auch gebucht.

Nur konnte man leider das Publikum dazu nicht mitbuchen.

Ich kann mir diese horrende Fehleinschätzung der Sachlage nur damit erklären, dass ich einfach noch nicht fähig war, wieder klar zu denken.

Eigentlich hätte ich ein halbes Jahr in eine Entzugsklinik gehört. Aber dazu hatte ich keine Zeit. Und viel zu viele Ideen.

Und leider auch keine Berater, denen meine Interessen näher gewesen wären als ihre eigenen.

Aber wo gibt es das schon.

Dazu kam eine völlig naive Fehleinschätzung der Medienberichterstattung. Das große Interesse an meinem Fall verwechselte ich mit einem Interesse an meiner Person.

Ich ging eine Zeit lang in jede Talkshow, die man mir anbot, zum einen um mich zu rechtfertigen, Dinge klarzustellen, die falsch dargestellt wurden, und zum anderen um Werbung für meine Tour und die CD zu machen.

Ein unverzeihlicher Fehler.

Nach einer gewissen Zeit fühlt sich das Fernsehpublikum bloß noch genervt von Dauertalkgästen, und Berichtigungsversuche sind völlig sinnlos. Sie stacheln nur einen peinlichen Kreislauf an. Teilweise wurden völlig haltlose Behauptungen erst mal veröffentlicht, dann lud man mich scheinheilig ein, das nun richtigzustellen.

So ergibt eine Schlagzeile die andere, einer Enthüllung folgt die nächste, und bald kann man aus diesem sich immer schneller drehenden Karussell nicht mehr aussteigen.

Kaum entlassen, war ich wieder gefangen.

Weshalb lassen sich eigentlich erwachsene Menschen immer noch weismachen, dass Ruhm erstrebenswert sei? Oder glücklich mache?

Ein paar Teenies kann man das vielleicht noch erzählen, um sie in Casting-Shows wie dressierte Affen einem ferngesteuerten Fernsehpublikum vorzuführen.

Aber erwachsenen, denkenden Menschen?

Muss man vielleicht erst mal berühmt gewesen sein, um zu sehen, was für eine Mogelpackung Prominenz ist?

Prominente sind bedauernswerte Wesen, die immer so tun müssen, als seien sie glücklich mit den Rollen, die sie vor dem gemeinen Volk zu spielen haben. Dieses Lächeln im Blitzlichtgewitter, diese Minuten der vielleicht manchmal wirklich die Eitelkeit befriedigenden Aufmerksamkeit als Preis für ein Leben in Ketten. In Ketten des Ruhms.

Wenn Sie, lieber unberühmter Mitmensch, bei einem moralischen Lapsus ertappt werden, bei etwas, was Sie vielleicht durchaus in Ordnung finden, was aber nicht mit der angesagten Moral kompatibel ist – also wenn Sie zum Beispiel beim Rauchen in öffentlichen Gebäuden erwischt worden sind –, dann wechseln Sie eben mal schnell den Stadtteil. Oder ziehen aus der Kleinstadt in die Großstadt.

Oder meinetwegen wandern Sie aus nach Australien.

Besser noch in den Jemen. Da darf man rauchen. Mohammed hat sympathischerweise das Rauchen ausdrücklich gestattet.

Keiner kümmert sich um Sie. Sie können neu beginnen. Neue Freunde, neue Identität, neues Leben.

Als Promi aber sind Sie verloren. Sie leben in Angst und Schrecken, dass Ihre kleinen Schweinereien, die sich alle anderen auch leisten, schon tags darauf an den Pranger gestellt werden.

Und irgendwann leben Sie nicht mehr, wie *Sie* wollen, sondern wie Sie glauben, dass die Öffentlichkeit es will.

Oder die Presse.

Prominent sein ist ein Gefängnis, das man dauernd mit sich herumschleppt. Und in den meisten Fällen ist das Urteil lebenslänglich.

Ehrlich gesagt, manchmal genieße ich schon die kleinen Vorteile, aber so viel Kredit bekommt man zum Beispiel bei den Banken auch nicht auf einen prominenten Namen. Und ich schon gleich gar nicht.

Nun sagen Sie zu Recht, der Wecker soll nicht so angeben. So berühmt ist der ja auch wieder nicht.

Stimmt – aber trotzdem, wenn ich mich im Ausland sicher wähne, kommt garantiert ein deutscher Urlauber um die Ecke, der mich kennt.

In Italien, wo ich restlos ruhmlos bin, weil mein Ruhm spätestens am Brenner endet, geriet ich betrunken in einer Bar mit einem noch betrunkenerem Engländer in Streit. Ich war gerade dabei, ihm an die Gurgel zu gehen, schon mokierten sich ein paar deutsche Touristen.

»Des hätt' i aber jetzt ned denkt. Dass Sie so aggressiv sind, des passt ja gar ned zu Ihre Lieder!«

Ich wurde sofort sanft wie ein Lamm. Das kann man sich als Pazifist natürlich nicht anheften lassen.

»Grad von Ihnen hätt' ich des ned denkt, Herr Fendrich!«

Ich ging sofort wieder auf den Engländer los.

Zum Glück hält sich auch bei denen, die mich zu kennen glauben, meine Berühmtheit in Grenzen. Und der Rainhard wird mir verzeihen, dass er zwei Plattenkäufer verloren hat.

Seinem Publikum bekannt sein ist etwas anderes als Prominenz. Das ist sehr schön, und ich genieße es, wenn mir manchmal Leute auf eine Art zulächeln, der ich entnehmen kann, sie kennen meine Lieder.

So jemand würde mich nie verpfeifen, auf mein Publikum ist Verlass. Wir mögen nämlich die gleichen Lieder, mein Publikum und ich.

Bevor ich das Drogenmonster der Republik war, bin ich bekannt gewesen. Von einem Tag auf den anderen wurde ich prominent. Davor hatte einmal ein Pressefotograf auf dem Oktoberfest ein paar Fotos von mir gemacht. Ich hatte es nicht gemerkt und war in einem erbärmlichen Zustand, in dem niemand gern fotografiert werden möchte.

Der Fotograf schickte mir das Foto und schrieb darunter: »Dieses Bild hätte ich auch veröffentlichen können.

Ich mag Ihre Lieder. Drum schick ich es nur Ihnen.«
Das war vor dem Tag X.
Später war das undenkbar.

Die Vorverkäufe für die Gamsig-Tournee liefen so schlecht, dass man alle Konzerte hätte absagen müssen.

Das kam für mich nicht in Frage.

Vermutlich hätte eine Absage auch sofort den Verdacht aufkommen lassen, ich sei wieder rückfällig geworden.

Das wäre sehr schlecht für meinen noch ausstehenden Prozess gewesen.

Viele waren verunsichert. Die Meldungen, ob ich nun einsitzen würde oder nicht, hielten sich die Waage.

Genaues wusste anscheinend niemand. Außer mir und meinem Anwalt. Und wir wurden nur selten gefragt. Manchmal wurde eben lieber spekuliert als recherchiert.

Das erste Konzert war in einem kleinen Dorf in Schwaben. Es sollte das einzige ausverkaufte Konzert sein. Wir hatten dort ein paar Tage geprobt und das halbe Dorf eingeladen.

Danach begann das Desaster.

Die Kritiken waren – bis auf einige wenige Ausnahmen, die mich damals sehr getröstet haben – vernichtend. Man wollte mich nicht als Entertainer. Man wollte keine große Show. Nicht in diesen Tagen.

Man wollte mich im Büßergewand.

Die Demütigung kulminierte in Kiel.

Dort verloren sich in einer Riesenhalle grade mal hundertfünfzig tapfere Getreue. Sie sagten mir anschließend, sie seien nur gekommen, um mich zu unterstützen. Damit wir nicht so allein wären. Die Pleite hatte sich herumgesprochen. Dass sie da waren, war ein Freundschaftsdienst.

Sie waren nicht unbedingt gekommen, weil sie das Konzert hören wollten. Um es ganz deutlich zu sagen: Niemand wollte dieses Konzert hören.

Vieles passte auch wirklich nicht. Die Band war zwar toll, der Chor geradezu himmlisch – aber ich bin nun mal kein Soulman. Als Einlage ist das ja vielleicht ganz in Ordnung, aber für ein Programm zu wenig. Sicher, ich spielte auch viele meiner alten Lieder, aber selbst die klangen in diesem Kontext nicht mehr so natürlich.

Ich bin einfach nicht für die große Show geeignet. Der Bänkelsänger in mir sträubt sich vermutlich dagegen.

Nun kam ein existenzielles Problem auf mich zu, das ich bis dahin aus meinem Leben ausgeblendet hatte.

Ich war nicht nur pleite, das hätte ich noch verkraftet, ich hatte nicht nur Schulden, das war ich gewohnt – ich hatte 3 000 000 Mark Schulden.

In Worten: Drei Millionen!

Immer wieder werde ich gefragt, wie so was möglich sei. So viel kann ein Mensch nicht verkoksen.

Ich muss ehrlich sagen, es ist mir bis heute ein Rätsel.

Zwar haben sich viele Parasiten eingeschlichen, Berater und Schmarotzer aller Art, alle bereit, fremdes Geld mit Begeisterung auszugeben. Ein Unzurechnungsfähiger ist, solange bei ihm was zu holen ist, ein begehrtes Opfer hauptberuflicher Schnorrer.

Aber das kann auch nicht allein der Grund gewesen sein.

Ich vermute, dass sich dieser Schuldenberg im Laufe der Jahre angetürmt hat. Ein Steinchen kam zum anderen, meine Unfähigkeit, Geld festzuhalten, ebenso wie meine geschäftliche Blödheit, Investitionen in verrückte Projekte und das Gefühl, im Geld zu schwimmen.

Stattdessen schwamm ich schon lange in einem Fluss, der mein Geld so wegspülte, wie es hereingekommen war.

Das größte Problem war, dass ich bis zu meiner Verhaftung noch kreditwürdig war.

Das wäre ich heute wieder gerne.

Dazu kam, dass mich die erfolgloseste Tour aller Zeiten noch ärmer gemacht hatte. Eine Tournee, mit der ich gehofft hatte, einigermaßen aus dem Schlamassel rauszukommen.

Mein Waterloo!

Gläubiger gaben sich bei mir zu Hause die Türklinke in die Hand, pfändeten am Bühneneingang die Abendkasse, zeigten mich an.

Meine Frau war schwanger, und wir lebten von der Hand in den Mund. Ich spielte in Clubs und versuchte die Gage an den Gläubigern vorbeizuschmuggeln. Aus dem überteuerten Palast in Grünwald waren wir schon lange rausgeflogen.

Wir hatten auch keine Ambitionen mehr, dort zu wohnen.

Sobald bei dem Versuch, eine Wohnung in München zu mieten, mein Name ins Spiel kam, winkten die Vermieter ab. Einer ließ mir ausrichten, mit mir würde er kein Wort reden, bevor nicht eine Bürgschaft auf dem Tisch läge.

Dann verkrochen wir uns in ein kleines Nest in den Bergen, mein Schwiegervater und meine Mutter halfen aus.

Meine Frau war von einem bewundernswerten Gottvertrauen. Und ich war noch nie in meinem Leben so sehr bei mir selbst, mit mir vertraut und einig, so »von guten Mächten wunderbar geborgen« wie in dieser schrecklichen Zeit.

Der Schmerz über den Verlust meiner Karriere, meines

Ansehens und meiner wirtschaftlichen Existenz verwandelte sich in Achtsamkeit und Ruhe.

Fast jeden Morgen ging ich den Berg hoch und freute mich an einer Natur, die sich um meinen Ruf und meine finanziellen Nöte nicht scherte. Mir wurde wieder vor Augen geführt, wie unwichtig äußerlicher Schein, »sub specie aeternitatis«, angesichts der Ewigkeit ist.

»Der philosophische Geist sieht die Dinge nicht in ihren trügerischen Erscheinungen, sondern als die eine und einzige ewige Substanz«, hat Baruch Spinoza mal geschrieben.

Als Kind versuchte ich mir immer die Ewigkeit vorzustellen.

Nachdem ich meinen Vater wieder und wieder mit der Frage nach der Ewigkeit genervt hatte, bat er mich, neben ihm Platz zu nehmen, und sagte:

»Als Baum hast du schon etwas mehr Ahnung von der Ewigkeit als wir Menschen. Und ein Fels könnte dir noch mehr davon erzählen. Und dann erst ein Planet, eine Sonne – wir leben einfach zu kurz, um uns ein Bild von der Ewigkeit machen zu können.«

Den kleinen Jungen beruhigte diese schlichte Antwort.

Und wenn ich heute Physiker frage, wie man sich denn nun die vierte oder fünfte oder wievielte Dimension auch immer vorstellen könne, antworten sie mir: »Wir stellen sie uns nicht vor. Wir rechnen einfach damit.«

Die Ewigkeit kann man sich nicht erdenken, man muss sie erfahren, so wie ich sie bei meinen morgendlichen Wanderungen erfahren habe. Da eröffnete sich mir etwas vom Geschmack der Freiheit, wie der Buddha das nennt. Vom Geschmack der Ewigkeit.

Mein Vater hatte mir eigentlich nicht die Ewigkeit erklärt. Sondern die Unendlichkeit.

Unendlichkeit ist zeitlich zwar nicht begrenzt, aber doch der Zeit und dem Raum verhaftet. Sie ist eben Zeit, die nicht endet.

Aber Ewigkeit ist außerhalb der Zeit. Sie ist das Nu des Mittelalters, das immerwährende Jetzt, die Schnittstelle zwischen Zukunft, Gegenwart und Vergangenheit, die gedanklich nicht zu fassen ist. Sobald ich »jetzt« denke, ist es schon Vergangenheit. Das Jetzt kann man nicht denken. Nur leben.

In einem Abschnitt meines Lebens, da ich alles verloren hatte, was ich bis dahin glaubte zu sein und zu besitzen, öffnete sich mir der Zugang zur Schönheit der Existenz.

Das heißt nicht, dass diese Zeit frei von Leiden war. Aber sie brachte mir das Leben nahe wie selten zuvor.

Und heute blicke ich manchmal richtig sehnsuchtsvoll auf diese Jahre zurück. Auf die Momente des direkten Erlebens, ohne Masken und Umschweife, ohne Zugeständnisse und Kompromisse und manchmal vereint mit dieser »ewigen Substanz«, die wir alle schon gespürt haben und die wir so unterschiedlich benennen.

eine idee verkauft man nicht

Man müsste noch mal fünf, sechs Jahre alt sein
und das vergessen, was danach geschehn.
Gleich hinterm Haus würde ein Zauberwald sein
mit bösen Hexen, Rittern und mit Feen.

Der Vater wär der stärkste Mann der Welt,
die Mutter schöner als der schönste Morgen.
Und jeden Tag erwachte man als Held,
und jede Nacht wär man im lieben Gott geborgen.

Und all die Streitigkeiten und die Tränen?
Und das, was man so schmerzlich doch vermisst?
Man wär verzweifelt. Doch man würde sich nicht schämen,
nur weil die Welt noch nicht entzaubert ist.

Willst du das wirklich? – höre ich mich fragen.
Noch einmal neu erleben, was danach geschah?
Das ganze Abenteuer noch mal wagen?
Das ganze schrecklich schöne Leben? – Ja!

(2004)

In einem Alter, in dem andere schon längst Großväter sind, hatte ich das große Glück, trotz meines verpfuschten Lebens, Vater zu werden.

Zwei Wochen, nachdem ich meine jetzige Frau kennengelernt hatte, wurde ich verhaftet. Sie war sehr jung, doch das Klischee vom reichen alten Mann mit der jungen geldgeilen Frau stimmte nicht: Mein Ruf war ebenso ruiniert wie meine Finanzen.

Ich werde meiner Frau immer dafür dankbar sein, dass sie dieses Wagnis eingegangen ist.

Wie alle Eltern hatten wir uns mit unserem ersten Kind viel vorgenommen. Wir haben Erziehungsbücher gewälzt und uns ein Idealbild unsres Kindes erträumt.

Doch all unsere Vorstellungen wurden von der Wirklichkeit überholt. Wir erlebten schon bald, dass Kinder völlig eigenständige Wesen sind und es keine feste Erziehungsnorm gibt, in die man sie pressen kann.

Beim zweiten Kind merkte ich, wie unterschiedlich Brüder sein können. Weil ich selbst ein Einzelkind bin, war das eine völlig neue Erfahrung für mich.

Diesen beiden wunderbaren Buben ist mit einem Erziehungskatalog nicht beizukommen. Man kann sie nur liebend begleiten, mit dem Mut, die eigenen Vorstellungen täglich neu über Bord zu schmeißen.

Wer bei der Erziehung seiner Kinder nicht immer wieder scheitert, hat etwas falsch gemacht.

Perfekte Erziehung gab es auf den Ordensburgen der Adolf-Hitler-Schulen. Dort war das Scheitern wie alles Lebendige verboten. Dort wurden unschuldige Menschen zu staatstreuen Maschinen verformt. Zu Unmenschen.

Allzu wohlerzogene und funktionierende Kinder sind mir unheimlich. Diese Kinder, die den Eltern so gut wie keinen Ärger machen, müssen Psychofolter erlebt haben und gehirngewaschen sein, anders kann ich mir das einfach nicht vorstellen.

Sicher, manchmal haben meine Frau und ich schon neidisch zum Nachbartisch geschielt, wenn da Kinder saßen, die keine Salzfässer ausschütteten, keine Löcher in den Tisch ritzten, nicht dauernd aufsprangen, um den Bruder zu ärgern, nicht die Nudeln über den ganzen Tisch verstreuten. Aber wenn wir dann mit den Eltern dieser braven Kinder ins Gespräch kamen, bekamen wir meistens, fast entschuldigend, zu hören:

»Die sind sonst ganz anders und viel wilder.«

Vielleicht stimmt's, vielleicht ist es aber auch eine Schutzbehauptung, weil sie ahnen, dass brav und ruhig am Tisch sitzende Kinder ein Widerspruch in sich sind. Und dass man Kinder nur durch ziemlich brutale Maßnahmen so bändigen kann, dass sie sich wie kleine Erwachsene benehmen.

Zurzeit ist die strenge Erziehung ja wieder en vogue, das passt zum wiederentdeckten deutschen Konservativismus, zum wiederaufkeimenden Nationalismus, zur Großen Koalition und zu Hartz IV.

Meinetwegen. Jede Gesellschaft hat ihre Phasen zu durchlaufen, mal etwas progressiver, mal etwas reaktionärer, und die jeweiligen Protagonisten dieser Moden tun immer so, als hätten sie das Rad neu erfunden.

Aber warum müssen die Kinder darunter leiden?

In Fernsehshows werden Kinder wie kleine Äffchen in Benimmschulen gedrillt, meistens von abgetakelten Adligen, die außer gutem Benehmen in ihrem Leben wenig Interessantes vorzuweisen haben.

Freilich ist es schön, wenn Kinder nicht schmatzen und furzen am Tisch und ihren Spaghettisugo im Teller lassen, aber kann man ihnen das nicht selbst beibringen? Bei diesem Benimmquatsch geht es doch ausschließlich um einstudierte Umgangsformen, um Methoden, wie man am besten seine aufrichtigen Gefühle verbirgt.

Gerade der übermäßige Wert, der auf gutes Benehmen gelegt wird, vermittelt dem Kind, dass Verhalten wichtiger sei als Sein. Ein folgenschwerer Irrtum, der zwar angepasste Bürger hervorbringt, aber fremdbestimmte Menschen.

Bis heute habe ich das Gefühl, mehr von meinen Kindern zu lernen, als ich ihnen beibringen könnte. Manchmal denke ich, ich lasse mich von ihnen erziehen, anstatt sie zu erziehen.

Man macht andauernd irgendetwas falsch, und es gibt so vieles, was ich jetzt, bei einem dritten Kind, anders machen würde. Aber ich denke, das gehört dazu.

Nirgends wird einem die Notwendigkeit, die Kunst des Scheiterns erlernen zu müssen, deutlicher vor Augen geführt, als in der Erziehung der eigenen Kinder.

Und man kann noch so viele hilfreiche Bücher lesen: Im Endeffekt lernt man nur aus den eigenen Fehlern.

Ich zum Beispiel habe, typisch alter Vater, der auch noch

oft unterwegs ist, meine Söhne zu sehr mit Geschenken überhäuft.

Jetzt versuchen wir mit großer Mühe, diese Fehler wiedergutzumachen, die Kinderzimmer zu entrümpeln und die großen Luxusansprüche der Kleinen auf normales Maß zu bringen. Mit geringem Erfolg.

»Vielleicht fehlt uns der Träumer, und wir wissen noch nicht einmal, dass er uns fehlt. Der Träumer, der wahre begeisterte Irre, der Einsame, der wirklich Verlassene, der einzige tatsächliche Rebell« – das schrieb vor ungefähr sechzig Jahren der anarchische Poet Henry Miller, der Held meiner Jugend.

Meinen Söhnen will ich lieber das Träumen vermitteln, obwohl und vielleicht gerade weil Träumer oft so bedrohlich sind für die selbst ernannten Realisten. Die harte Schule des Lebens bekommen sie unweigerlich zu spüren, das muss ich ihnen nicht beibringen. Das werden andere zur Genüge tun, Lehrer, Arbeitgeber, Freunde, auf die ich keinen Einfluss mehr haben werde.

Aber die Erkenntnis, dass eine Idee wichtiger sein kann als materielle Güter, wird ihnen in dieser Gesellschaft kaum einer vermitteln.

Da fällt mir eine Geschichte ein: Als ich ein Kind war, hatten wir in unserer Altbauwohnung an der Isar einen alten, treuen Hund, der mich manchmal sogar zur Schule begleitete und dann alleine, alle Eisdielen abklappernd, wieder nach Hause ging. Er hieß Cicero und war schon da, als ich zur Welt kam.

Einmal fragte ich meine Mutter, ob sie Cicero verkaufen würde. Wir hatten nämlich immer Geldsorgen.

»Nie würd ich den Hund verkaufen, der gehört doch zur Familie.«

»Auch nicht für hunderttausend Mark?«

Hunderttausend Mark war die größte Summe, die ich mir vorstellen konnte.

»Auch nicht für eine Million, Konstantin. Eine Idee verkauft man nicht.«

Diesen Satz sollte ich nie wieder vergessen.

Meine Eltern lebten nach ihren Ideen. Sie waren – selten genug für ihre Generation – keine Nazis gewesen waren.

Viele meiner Altersgenossen hassten ihre Erzeuger für ihr Mitläufertum im Dritten Reich. Ich konnte sie bewundern.

Ich weiß noch, als meine Einberufung zur Bundeswehr kam, ging mein Vater aufs Kreiswehrersatzamt, zerriss den Bescheid vor den Augen der Beamten und sagte: »Ich war bei den Nazis nicht beim Militär und mein Sohn geht auch nicht zum Militär. Bei uns geht niemand mehr zum Militär und niemand zieht in den Krieg.«

Man wollte sich wohl mit diesem Irren nicht anlegen und empfahl eine Untersuchung *meines* Geisteszustands bei der Musterung. Das war das Ende meiner militärischen Laufbahn, obwohl man es gut mit mir gemeint hatte und mir ans Herz gelegt wurde, beim Musikkorps zu dienen. Auch Franz Lehar hätte als Militärmusiker keine schlechte Karriere gemacht.

Auf die Untersuchung hatte ich mich gut vorbereitet. Ich trank Tage zuvor nur schwarzen Kaffee, blieb einige Nächte lang wach, um auch optisch den notwendigen verstörten Eindruck zu machen, und bereitete mich exakt nach den Angaben meines Vorbilds Felix Krull auf meinen großen Auftritt vor.

»Warum wollen Sie nicht zur Bundeswehr?«

»Oh doch, meine Herren, da müssen Sie einem Irrtum erliegen, ich würde sehr gern zum Militär gehen. Ich bin ein sportbegeisterter Mann und bei den Fallschirmjägern wär ich besonders gerne. Und das auch noch in Berchtesgaden. In Bayern.«

Dorthin hätte mich mein Einberufungsbefehl verschlagen.

»Nun, junger Mann, was hindert Sie denn dann daran, zu uns zu kommen?«

»Mein Heimweh! Kaum bin ich fort, muss ich wieder heim, und kaum bin ich daheim, muss ich wieder fort. Ich bin schon so oft von zu Hause ausgerissen, obwohl ich so gerne zu Hause bin. Etwas Unerklärliches treibt mich an.«

Ich wurde schließlich – erstmalig in der Militärgeschichte der Bundesrepublik – wegen »krankhaften Wandertriebs« vom Dienst mit der Waffe für immer befreit. Solche Irren können das Vaterland nicht verteidigen.

Wenn ich anderen Eltern sage, dass ich nach wie vor ein Verfechter der antiautoritären Erziehung bin, bekomme ich meistens zu hören: Aber Kindern muss man doch Grenzen setzen!

Na klar, ich lass doch meinen Kleinen nicht vom vierten Stock springen, wenn er gerade mal wieder glaubt, er könne fliegen.

Für mich ist die antiautoritäre Erziehung eine partnerschaftliche Erziehung, durch die Kinder nicht zum Gehorsam gezwungen werden, um die Vorstellungen der Eltern zu erfüllen.

Landläufig wird die antiautoritäre Erziehung ja als bedenkenloses Gewährenlassen von zügellosem Verhalten der Kinder gesehen. Kinder, die mit den Füßen auf einem Klavier herumtrampeln, einem Erwachsenen die Zunge rausstrecken oder sich mutwillig in Dreckpfützen werfen, sind angeblich Beispiele für das Ergebnis antiautoritärer Erziehung. Dabei wird antiautoritäre Erziehung meist mit »Laissez-faire« gleichgesetzt.

Gerade in den Siebzigern wurden mangelnde Liebe und Fürsorge für die Kinder oft mit antiautoritärer Erziehung entschuldigt. Die Eltern wollten auf Partys gehen, und die Kinder überließ man sich selbst. Das hat den Ruf der antiautoritären Erziehung, die als notwendiger Gegenpol zur Schwarzen Pädagogik entstanden ist, schwer geschädigt.

Dieser durchwegs demokratische Erziehungsstil erfordert sehr viel Geduld, das weiß ich aus eigener Erfahrung.

Nicht nur dass man sich immer wieder beschimpfen lassen muss, weil man angeblich seine Kinder nicht im Griff hätte, manchmal sehnt man sich richtig nach strengen Strafmaßnahmen.

Alle Eltern wissen, dass Kinder richtig nerven können und sie das umso mehr ausspielen, je deutlicher sie spüren, welchen Erfolg sie damit haben. Da gibt es Momente, in denen ich mich einfach nicht mehr im Griff habe und brülle, obwohl ich mir so vorgenommen habe, nicht zu brüllen. Und wenn ich dann sehe, welches blanke Entsetzen ich mit diesem autoritären Geschrei hervorrufe, tut es mir wieder schrecklich leid. Dann versuche ich zu erklären, dass ich genauso wenig fehlerfrei bin wie andere und dass auch ein Papa, so gern er das manchmal wäre, kein lieber Gott ist. Dass der Papa wieder mal gescheitert ist an dem, was er sich vorgenommen hat.

Ja, ich gebe es zu, es gibt Momente, da wären wir sehr froh um gut funktionierende Marionetten, einfach weil es manchmal bequemer ist. Aber diese Anwandlungen verfliegen schnell wieder, wenn ich sehe, wie aufrichtig meine Buben ihre Gefühle zeigen und wie ungekünstelt sie sind.

Das kann schon peinlich sein, wenn die eigenen Kinder bestimmten Menschen einfach nicht die Hand geben wollen zur Begrüßung. Aber Pfötchen geben sollte man seinem Hund beibringen, dem macht das vielleicht Spaß.

Kinder wissen genau, warum sie manches so strikt verweigern.

Niemand kann voraussagen, zu welchen Menschen sich die eigenen Kinder entwickeln. Wir versuchen, unseren Idealen treu zu bleiben, und können nur hoffen, etwas davon vermitteln zu können. Das habe ich von meinem Vater gelernt: Er hat sich als Künstler nicht verkauft mit der üblichen Ausrede, das sei ja nur wegen seines Sohnes, um ihm ein materiell abgesichertes Leben bieten zu können. Ich hätte meinen Vater kein bisschen mehr geliebt, wenn er reich gewesen wäre. Und wenn er dafür zum Lügner geworden wäre und sich verleugnet hätte, schon gleich gar nicht. Was mir meine Eltern gegeben haben, war tausendmal mehr als Häuser und Fabriken und dicke Konten: Sie haben mir die Schönheit der Kunst geschenkt, die Schönheit des Geistes und den aufrechten Gang.

Und all das wurde mir eben nicht autoritär vermittelt, nicht eingebläut und eingeprügelt, wie es damals Methode vieler meiner Lehrer in der Schulzeit war. Mein Religionslehrer zum Beispiel hat mir mit drastischen Worten und nicht selten auch mit deftigen Watschn die Qualen der Hölle demonstriert, die all jene ereilen, die nicht das Privileg besitzen, katholisch zu sein.

Ich habe immerhin sechsundfünfzig Jahre gebraucht, um aus dieser Gemeinschaft der Privilegierten auszutreten. Und noch im Gebäude des Kirchenaustrittsamtes rechnete ich mit einem Blitz- und Donnerschlag meines zürnenden römisch-katholischen Gottes.

Heute ist mir klar, dass es kein bequemeres Erziehungsmittel gibt für aufsässige kleine Jungs und Mädchen, als diesen unsichtbaren, bösen alten Mann aus der Trickkiste zu holen, der einen auch da noch beobachtet, wo die Eltern oder die Lehrer nicht hinsehen können.

Und was hatte ich doch für eine Sehnsucht nach dem lieben Gott! Immer ließ ich mir die Geschichten aus der Bibel erzählen, und wären nicht meine liebevollen und liberalen Eltern gewesen – Schule und Kirche hätten es ganz sicherlich geschafft, mir den lieben Gott mit Stumpf und Stiel auszutreiben. Vor Gott fürchtete ich mich, und Vater konnte ich mich anvertrauen. Gott machte mir ein schlechtes Gewissen, und Mutter verzieh mir immer spätestens nach ein paar Stunden.

Im Nachhinein kann ich ganz schön wütend werden über diese seelischen Körperverletzungen vieler Religionslehrer und Priester damals, die uns nicht nur körperlich züchtigten, sondern vor allem nichts unversucht ließen, um uns einzureden, was für abgrundtief schlechte und verdorbene Menschen wir seien. Und was gäbe es den Kindern nicht Wunderbares zu erzählen von Jesus, der die Frauen so respektierte wie die Männer, die Tiere liebte wie die Menschen, der so gar nicht gierig war nach Geld und Besitz. Von Jesus, der einen Großteil der heutigen Kirchenfürsten aus dem Vatikan jagen würde, die hauseigene Bank schließen und das Geld unter den Armen verteilen, von diesem mutigen, sanften Mann, den sein Vater

– soviel ich weiß, der *liebe* Gott – nie dafür bestrafte, dass er so aufmüpfig und so rebellisch war.

Das versuche ich meinen Kindern zu erzählen, bevor ich mit ihnen bete, am Abend.

Und sie dürfen auch lachen beim Beten und Witze machen und Grimassen ziehen, wenn ihnen danach ist.

Kinder sind heilig, und deshalb können sie nichts entheiligen. Und ich habe von ihnen in meinem Verständnis zum Göttlichen so viel mehr gelernt als von den amtlichen Vermittlern. Allemal weisen sie mir eher den Weg zurück zu Gott als jeder Kardinal. Und die Stunde mit ihnen vor dem Zubettgehen ist mir mehr Gottesdienst als jedes prächtige Hochamt.

Einmal habe ich meinem Sechsjährigen, eher aus Versehen, gesagt: »Der liebe Gott sieht alles.« Ich hab es sofort bereut, denn er hatte für einige Tage ein mulmiges Gefühl und blickte sich abends verschüchtert im Zimmer um.

»Sieht er wirklich alles, Papa? Auch wenn ich noch nach dem Zähneputzen Schokolade esse?«

»Ich glaube, der liebe Gott weiß genau, dass kleine Jungs ihre Geheimnisse brauchen. Da schaut er dann einfach weg. Bis du ihn rufst.«

»Wie ruft man den lieben Gott?«

»Du kannst zu ihm sprechen, wie zu mir oder zu deinen Freunden. Du kannst ihm alles erzählen.«

»Aber warum ist der unsichtbar?«

»Er ist ja gar nicht unsichtbar. Er ist in allem vorhanden, aus jeder Blume lacht er dir zu, und und wenn die Mama dich in den Arm nimmt, dann nimmt dich auch der liebe Gott in den Arm. Er versteht alles, was du tust, und wenn du mal etwas gemacht hast, wofür du dich furchtbar schämst, und wenn du glaubst, keiner mehr hat dich lieb, dann ist er für dich da. Er war schon da, bevor die Welt durch seine Liebe erschaffen wurde. Du brauchst ihn nicht erst im Himmel zu suchen, denn er ist ja in dir zu Hause.«

Ich habe kein Konzept, wenn ich mit meinen Kindern über Gott rede. Ich will ja auch von ihnen etwas über Gott erfahren. Und natürlich könnte man es auch einfach bleiben lassen, mit Kindern über Gott zu reden. Atheisten haben durchaus meinen Respekt. Aber meistens fragen die Kinder von selbst nach Engeln und dem lieben Gott, und dann versuche ich ihnen etwas von dem zu vermitteln, was ich manchmal – selten genug – beim Meditieren oder Beten erfahre: dass da ein Geistiges, Göttliches ist, das schon war, bevor unser Bewusstsein in die Welt kam und bevor unser Denken uns einreden konnte, wir hätten den Geist geschaffen. Und dass alles voll von Liebe sein könnte, wenn wir uns nur darauf einließen oder wenigstens auf unsere Kinder hören würden, statt sie uns nach unseren verkorksten Vorstellungen zurechtzubiegen. Wenn sie größer werden, werden sie sich vermutlich auch von diesem liebenden Gott befreien – denn es kommt die Zeit, da muss man sich erst mal von allem befreien, was einem die Eltern erzählt haben –, um ihn dann irgendwann tief in sich selbst, ganz für sich selbst wiederzuentdecken. Nun, das hoffe ich jedenfalls.

meiner mutter sterben

Zeit der Verwandlung, Zeit zu vergehen
halte die Stunden fest.
Um aus der Asche neu aufzuerstehen
bleibe kein dunkler Rest.

Abschied von Tränen und Heldentaten
Abschied von ich und wir.
Lockre die Erde, halte den Spaten bereit
und versöhn dich mit dir.

(1991)

Mein Vater hat mir oft gesagt, er habe keine Angst vor dem Tod.

Ich habe ihm nie geglaubt.

Bis es ans Sterben ging.

Er hat sich gefreut auf den Tod und ging davon.

Wenige begegnen dem Tod mit Ruhe und Würde. Manche schenken sich ihm geradezu, wie einem Bräutigam, und entschlafen friedvoll. Die meisten Menschen aber bekämpfen ihn bis zum Schluss, und er bestraft uns mit einem qualvollen Ende.

Meiner Mutter Sterben ist die Geschichte eines kämpferischen Menschen, der nicht wahrhaben wollte, dass der Tod ihn besiegen kann. Und es wirft ein Licht auf eine Gesellschaft, die, von panischer Angst getrieben, der Vergänglichkeit ins Auge blicken zu müssen, nichts unversucht lässt, den Tod aus dem Leben auszuklammern.

Nun gehört meine Mutter einer Generation an, die an zwei Weltkriegen leiden musste und der die Idee des Heldentodes, des Sterbens für das Vaterland, mit der Muttermilch eingeflößt wurde.

Die meisten dieser Generation wurden, jeder Chance auf eine eigene Identität beraubt, vorbereitet zu Duckmäusertum und dem Tod auf den »Feldern der Ehre«.

Frauen, deren Brüder und Väter wegstarben wie die Eintagsfliegen, blieb oft nichts anderes übrig, als den Tod zu verdrängen, ihn einfach aus dem Leben zu verbannen, nicht aus Hedonismus, was heutzutage vielleicht der entscheidende Grund für die Verdrängung ist, sondern einzig und allein, um seelisch überleben zu können, um sich mit all dem Leid arrangieren zu können.

Meiner Mutter Sterben hat mir den Tod wieder näher gebracht, nicht unbedingt als einen Freund, aber doch als einen allgegenwärtigen Vertrauten.

Das macht auch ab und zu larmoyant und sentimental, manchmal versinke ich geradezu genüsslich in meinen Todesgedanken, und was schlimmer ist, manchmal erkenne ich sogar eine Todessehnsucht in mir, Lebensüberdruss, Endzeitstimmung, Dekadenz, eine Sucht zur Selbstzerstörung, aber im Großen und Ganzen bringt mich diese Erfahrung der Freiheit ein Stück näher.

»Freiheit hoaßt, koa Angst haben vor nix und neamands«, habe ich in der Ballade vom Willy gesungen. Eben auch nicht vor dem Tod und seiner Unerbittlichkeit.

Obwohl – dem Tegernseer Büchsenmacher Brandner Kaspar, der ums Verrecken nicht mitgehen will mit dem »Boandlkramer«, dem Meister aus Bayern, gelang es ja, den Unerbittlichen auszutricksen.

In dieser Geschichte von Franz von Kobell macht der schlaue Kaspar den Tod mit Kirschgeist betrunken und ringt ihm dann mit falschem Kartenspiel noch weitere achtzehn Jahre Lebenszeit ab.

Da kommt der göttliche Plan zwar dann ganz schön durcheinander, aber der liebe Gott muss schmunzeln über den Schelm, und die Engel sind sowieso hauptsächlich damit beschäftigt, keine Preußen in den bayrischen Himmel zu lassen, so dass der Brandner am End doch noch zum Hosianna-Singen ins Paradies darf.

Mich hat das schon als Kind fasziniert, der abstrakte Tod als greifbare Person, als Gevatter und Sensenmann und als ein im Endeffekt nur allzu menschlicher armer Kerl, den es immer friert und der sich so gern mal mit einem Schnapserl aufwärmen würde.

Als ich sehr jung war, versuchte ich mit dem Tod zu kämpfen:

»Lang mi ned o, du depperter Tod« – dieses Lied war lange Zeit mein Hymnus fürs Leben gewesen.

Einmal, in Heidelberg, wurde eine Sterbende ins Konzert gerollt. Sie lag auf dem Bett, angeschlossen an Apparate und Schläuche, ließ sich in den Mittelgang bis knapp vor die Bühne fahren und blickte mich unverwandt an.

Anfangs war ich irritiert, dann spielte ich etwas befangen die erste Hälfte des Programms, und in der Pause besprach ich mit meinen Musikern die Lieder des zweiten Teils.

Keiner von uns wollte so recht dieses »Lang mi ned o« spielen, angesichts einer Sterbenden, ein Lied, in dem es ums Sterben geht.

Wieder auf der Bühne, entschied ich mich doch noch spontan, das Lied zu spielen, und der Begleiter der Todkranken sagte uns nach dem Konzert, dass sie genau wegen dieses Songs noch einmal unbedingt das Konzert hatte erleben wollen.

Heute, immerhin dreißig Jahre später, sehe ich das anders als in diesem Lied.

In etwa so wie in der Geschichte des indischen Mystikers Eknath Easwaran, der von seiner Großmutter erzählt, die ihm einmal eine einfache, aber bedeutende Lektion fürs Leben erteilte.

Als er, ein Junge noch, mit dem Tod eines Verwandten nicht zurechtkam, forderte sie ihn auf, sich auf einen breiten Lehnstuhl zu setzen und sich mit aller Kraft dort festzuhalten. So klammerte er sich an die Armlehnen, während sie versuchte ihn wegzureißen, was ihr am Ende auch gelang. Und der Widerstand hatte ihm auch noch wehgetan. Nun bat ihn die Großmutter, sich noch einmal zu setzen, dieses Mal aber keinen Widerstand zu leisten. Sie hob ihn sanft vom Stuhl und nahm ihn in die Arme.

»So ist es auch mit dem Tod. Du kannst wählen, wie du aus dem Leben scheiden willst. Denk immer dran.«

Heute habe ich meine Mutter ins Hospiz begleitet. Was für ein endgültiger Schritt. Was für ein Einschnitt.

Ich bin glücklich und dankbar, für sie einen dieser gerade mal achtundvierzig Hospizplätze in unserer Millionenstadt bekommen zu haben. Und gleichzeitig ist es eine zum Himmel schreiende Schande. Eine Schande, die keine Lobby hat und deshalb nicht thematisiert wird.

Tausende armer Teufel, die keine Verwandten mehr haben, keine Freunde und vor allem kein Geld, die von Krankenhäusern als nicht mehr therapierbar abgewiesen werden – wo bitte sollen die denn zum würdevollen Sterben hin?

Nachdem meine Mutter, austherapiert, aber doch schwer krank, aus dem Krankenhaus entlassen wurde, weil die Krankenkasse in solchen Fällen nicht mehr bezahlt, fragte ich den Stationsarzt:

»Wohin nun mit all den Unheilbaren, Dahinsiechenden, Einsamen? Setzt ihr sie nachts heimlich unter einer Brücke ab?«

Er war genauso erbost wie ich:

»Nicht ganz, aber sie werden dann eben in irgendwelche Heime abgeschoben und dort von völlig überforderten Pflegekräften notdürftig ruhiggestellt. Es gibt genügend Menschen, die schlicht zu arm sind, um sich Schmerzmittel leisten zu können, die oft nicht mehr in der Lage sind, ihre Schmerzen überhaupt noch zu artikulieren. Sie sind angewiesen auf verständige, erfahrene, mitfühlende Pfleger, die aus der Anspannung in den Gesichtszügen das Maß der ungeheuren Schmerzen ablesen können.«

Das ist die Nachtseite einer Gesellschaft, die begeisterter als je zuvor in ihren Zeitungen von den Partys der Reichen und Schönen berichtet und in ihren Einkaufspalästen Produkte feilbietet, deren obszöne Preise jedem hart arbeitenden Menschen die Zornesröte ins Gesicht treiben müssten.

Aber kaum jemand wird wütend. Fast alle träumen davon, sich das auch einmal leisten zu können, was ihnen die Oberschicht so schamlos vor Augen führt. Das Prekariat begehrt nicht auf.

Da haben sich die Wortverdreher in ihren Thinktanks übrigens wieder etwas ganz Feines erarbeitet und der Masse zum Fraß vorgeworfen: das »abgehängte Prekariat«. Toll, das hat ja dann nichts mit uns zu tun, das betrifft irgendwelche Wesen vom anderen Stern, das ist die Sprache, die keinen interessiert, weil sie keiner versteht. Das soll so sein, natürlich, denn wenn wir mitbekommen würden, dass es sich bei diesem Wortungetüm um fast zehn Prozent der Bundesbürger handelt, die Harz IV Gebeutelten (Empfänger klingt geradezu euphemistisch), die Arbeitslosen, die Armen, die im neoliberalen Wahn Kaputtgewirtschafteten, ja, wenn wir das mitkriegen würden, würden wir uns vielleicht sogar mal Gedanken machen über all die Ungerechtigkeiten, die uns eine von Wirtschaftsinteressen in Geiselhaft genommene Regierung angedeihen lässt. Natürlich ist mit Prekariat nichts anderes gemeint als eine zunehmend verarmende Unterschicht, abgehängt von den wenigen, die sich zunehmend an denen bereichern, denen sie Angst einjagen.

Ihren Reichtum können sie gerne für sich behalten, aber die Macht, die sich daraus ergibt, gefährdet auf Grund der ungerechten Verteilung unsere Demokratie.

Alles ist doch nur geborgt, nicht nur Geld, auch Intelligenz und Schönheit, Talent und Jugend, Stärke und Glück.

Aber auch Leid und Gram, Alter und vielleicht sogar der Tod.

Doch Senioren sterben heutzutage nicht mehr.

Sie flanken behände über Hecken, springen dynamisch in Cabrios, tollen andauernd mit kleinen, gepflegten Kindern auf sonnenüberfluteten Wiesen und sind natürlich privat rentenversichert.

Statt sie zum Wesentlichen hinzuleiten und sie allmählich mit der Ars Moriendi vertraut zu machen, verkauft man ihnen im Sommer Skistöcke, die vom Winter übrig sind, mit denen sie dann durch penetrantes und nervtötendes Geklapper auf sich aufmerksam machen können.

»Seht her, wir sind auch noch da, jung und dynamisch wie nie zuvor, gestrafft und geliftet, gestählt und getuned, wir, die dämlichsten Alten seit Menschengedenken!«

Zu jugendlich, um von der Jugend ernst genommen zu werden, zu angepasst, um in Würde zu altern.

Statt loszulassen klammern sie, statt zu transzendieren regredieren sie, denn »der Wahnsinn schleicht durch die Nacht und uns hat der Wahn um den Sinn gebracht«.

Ich darf da mitreden, denn ich bin einer von ihnen. Ein Senior, ein 50-plus-Mann, eine prächtig auszuweidende alternde Kaufkraft. Und durchaus auch gefährdet, mich manchmal auf jünger zu stylen, als ich bin.

Wer aber sollte uns die Welt erklären helfen, wenn nicht die Alten?

Wer, wenn nicht sie, hat genug erlitten, um jetzt endlich ohne Furcht auf den Tisch hauen zu können. Ich fordere eine Seniorenrevolte, die den Jungen eine Richtung weist. Eine Revolution der Greise und Gebrechlichen, der Hässlichen und seitlich Umgeknickten, der Ängstlichen und Dicken, der Uncoolen und all derer, die nie in ihrem Leben Unternehmensberater waren (wenn sich solche noch finden lassen), und rufe laut und vernehmlich zum Umsturz auf: Wehrt euch endlich, in den Altenheimen und Krankenhäusern, in den Arbeitsämtern und Ausländerbüros – trommelt mit euren Krückstöcken so lange, bis ihr nicht mehr überhört werdet, überrollt die Flotten, Smarten und ständig Hetzenden mit euren Rollstühlen, zeigt grinsend und stolz eure faltigen und verlebten Gesichter und macht diese Welt wahrhaftig.

es geht ums tun und nicht ums siegen

Die alten Ängste, pittoresk gepflanzt,
treiben sehr bunte neue Blüten.
Die Bullen beißen wieder, und der Landtag tanzt.
Endlich geschafft: ein Volk von Phagozyten.
Jetzt ist es allen klar: Der Herr baut nie auf Sand.
Es herrscht wieder Frieden im Land.

(1977)

Meine Mutter wäre begeistert gewesen von meiner Seniorenrevolte. Sie hat auch mein Lied »Präposthum«, in dem ein lebensfroher Greis sein ganzes Geld verschenkt und dadurch einen Aufstand anzettelt, sehr geliebt.

Immer hat sie mich ermutigt, nicht lockerzulassen, wenn ich mal wieder das Gefühl hatte, gegen Mauern zu rennen mit meinen jugendlichen Idealen. Für sie war es so wichtig, sich einzumischen, weil sie erlebt hatte, wie schnell Systeme wechseln können, wie schnell eine Demokratie von der Diktatur ausgehebelt werden kann. Und weil sie Mitläufer nicht ausstehen konnte.

Sie hat mich ermutigt, meine Lieder nicht zu verwässern, um gefälliger zu sein.

Wir hatten viele Probleme miteinander, wie Söhne mit starken Müttern meistens, aber im politischen Aufbegehren war sie mir von Anfang an ein verlässlicher Freund.

Mehr noch: Ohne sie hätte ich anfangs nicht durchgehalten.

Sie war lange Zeit mein einziger Fan.

Manchmal sage ich am Ende eines Konzerts, meistens nach dem Lied »Sage Nein«, einem Bekenntnis für eine pazifistische Politik:

»Vor vierzig Jahren bin ich angetreten, um mit meinen

Liedern die Welt zu verändern. Nun muss ich feststellen, die Welt wird zwar andauernd von irgendwelchen Idioten verändert, aber eindeutig nicht von mir. Das frustet! In diesen vielen Jahren hab ich mich auf der Bühne und bei Kundgebungen, Demonstrationen und in unzähligen Diskussionen für eine Welt ohne Kriege eingesetzt. Und man kann nun wirklich nicht behaupten, dass die Welt durch mich und meine Lieder friedlicher geworden wäre. Irgendwas hab ich falsch gemacht. Was hat das alles für einen Sinn?«

Ich hatte nicht geglaubt, damit so heftige Reaktionen auszulösen.

Viele Briefe und E-Mails erreichen mich seither von den verschiedensten Menschen. Sie schreiben, ich hätte durchaus etwas bewirkt, hätte ihnen Lust gemacht, politisch zu denken, oder gar, meine Lieder hätten sie geprägt. Diese Reaktionen freuen mich natürlich, aber ich muss gestehen, dass ich diese paar Sätze eigentlich nur als kabarettistische Überleitung für ein Lied über die Frage nach dem Sinn gedacht hatte.

Auch als Zwanzigjähriger war ich nicht so naiv zu glauben, man könne mit Liedern Politik machen, und ich wusste, dass die einzige Möglichkeit, etwas zu bewirken, nur darin liegen kann, einzelnen Menschen beizustehen, ihnen Mut zu machen.

Wenn ich bedenke, dass einige meiner Konzerte in den letzten Jahren wegen Drohungen aus der Nazi-Szene nicht ohne Polizeischutz stattfinden konnten – was bei meinem Vorleben einer gewissen Ironie nicht entbehrt –, dann haben meine Lieder wahrscheinlich tatsächlich eine gewisse Wirkung.

Bewirkt haben sie allerdings in Anbetracht der zunehmenden Gewalt Rechtsradikaler nicht sehr viel.

In einem Lied über die Weiße Rose habe ich vor vielen Jahren geschrieben:

»Ihr wärt heute genauso unbequem
wie alle, die zwischen den Fahnen stehn,
denn die aufrecht gehn, sind in jedem System
nur historisch hochangesehn.
Ihr habt gewartet, ihr seid geblieben,
ihr habt geschrien, wo andre schwiegen –
es geht ums Tun und nicht ums Siegen.«

Habe ich, als ich 2003 ein paar Wochen vor Kriegsbeginn im Irak mit Ärzten, Journalisten und Friedensaktivisten nach Bagdad fuhr, wirklich geglaubt, mit dieser Aktion den Krieg zu verhindern? Den Krieg zu verhindern durch ein Konzert mit irakischen Musikern?

Oder ging es ums Tun und nicht ums Siegen?

Vor dieser Reise stand ich ziemlich mit dem Rücken zur Wand. Man bescheinigte mir ein »Einmischungssyndrom«, ich sei ein »Promigutmensch«, der besser mit leisen Versen protestieren solle, viele holten die Drogengeschichte wieder aus der Mottenkiste. Als ich sagte, um Saddam zu stürzen, dürfe man nicht die Bevölkerung bekriegen, sondern müsse sie stärken, bescheinigte man mir eine »krude Logik«. Die Logik des Krieges ist heute im Irak zu begutachten.

Die meisten Anwürfe waren dem demagogischen Instrumentenkoffer der Bellizisten entnommen, die heute alle keine mehr gewesen sein wollen.

»Nach Friedensschluss sollte man die Kriegsliteraten einfangen und von den Invaliden auspeitschen lassen«, schrieb Karl Kraus nach dem Ersten Weltkrieg. Diesen Satz könnte man sich doch mal zu Herzen nehmen, wenn man vom Schreibtisch aus Bombenangriffe fordert und bedingungslose Unterwerfung unter das eigene Weltbild.

Sich von der eigenen Ohnmacht nicht dumm machen lassen – diese Maxime Adornos ist mir oft ein Ansporn gewesen, nicht aufzugeben, auch nicht, wenn die eigenen Hoffnungen unerfüllbar scheinen.

Diese Angriffe haben mich zwar verletzt, aber letztendlich in meinem Vorhaben bestätigt: Ich habe in Bagdad die Menschen getroffen, um die es geht und denen die Strategen im Pentagon nie die Hand reichen werden.

In der »Eisenschmiedergasse« sehe ich einen achtjährigen Jungen, der zwölf Stunden täglich alte Eisenstäbe so zurechtklopft, dass sie mit einer Manschette gebündelt werden können. Er ist mit Ernst bei der Arbeit. Am Boden kauernd, so dass er uns gar nicht wahrnimmt. Wir überreichen seiner Familie Spendengelder aus Deutschland, damit der Junge zur Schule gehen kann.

Wir erklären seinem Chef, der einem Charles-Dickens-Roman zu entstammen scheint, dass Amir ab sofort nicht mehr bei ihm arbeiten würde, und ich frage den Jungen, ob er denn gern zur Schule gehen würde.

Er sieht mich aus seinen riesengroßen dunklen Augen an und nickt. Ohne den Anflug eines Lächelns.

Während des Fluges von Amman nach Bagdad übergab mir Colleen Kelly, eine amerikanische Friedensaktivistin, ein Flugblatt mit einem Satz von Martin Luther King:

»Wars are poor chisels for carving out peaceful tomorrows« – Kriege sind schlechte Werkzeuge, um ein friedvolles Morgen zu schaffen.

Die Maschine war bis auf den letzten Platz gefüllt mit Friedensgruppen aus aller Welt, die in Bagdad ein Zeichen setzen wollten. Sie hofften, ebenso wie wir, »die Gesichter der irakischen Bevölkerung zu sehen und die Spirale der Gewalt zu durchbrechen«.

Waren das alle unverbesserliche Gutmenschen, Spinner, Naivlinge, nicht Manns genug, sich der Realität zu stellen? Dabei waren gerade sie Zeugen der Realität, während die anderen nur behaupteten, die Welt zu verstehen.

Ein amerikanischer Aktivist, ein sehr wohlhabender Computerspezialist, erzählte mir von seinen Erfahrungen in Vietnam.

Er war Bomberpilot und stellte nach dem hundertsten Einsatz plötzlich fest, »dass da unten Menschen waren«.

Mit einem Schlag versagte die Gehirnwäsche seiner militärischen Ausbildung, und er flog von diesem Augenblick an keinen Einsatz mehr. Nachdem er seine Strafe abgesessen hatte, setzte er sein ganzes Engagement und sein Vermögen für den Frieden ein.

Es geht ums Tun und nicht ums Siegen.

Auch der Zorn gegen das Unrecht macht die Stimme heiser, aber es gibt Lieder, die lassen sich nun mal nicht mit glockenklarer Stimme singen.

Dieser Gesang hier ist kein Oratorium, sondern ein Blues, und ich pfeife auf den Wohlklang der reinen Stimme.

Wie soll man bei dieser Politik noch politisch korrekte Freudengesänge anstimmen?

Jeder Manager, der einen Konzern offensichtlich so führt, dass er sich selbst zerstört, würde unweigerlich entlassen werden.

Unsere Damen und Herren Politiker haben weltweit siebenundzwanzigtausend Atomwaffen gelagert, das heißt, sie könnten unsere Erde gleich einige Mal in die Luft sprengen. Sie lassen Verwüstung und Versteppung der Erde zu, lassen ein Drittel der Menschheit kalt lächelnd am Hungertuch nagen, und wir entlassen sie nicht! Sind wir zu blöd, zu ungebildet, zu faul oder einfach zu desinteressiert, um die Demokratie beim Wort zu nehmen?

So einfach kann das nicht gesehen werden, werden jetzt viele sagen, man müsse aus Gründen der Ausgewogenheit die andere Seite hören.
Aber muss mich diese Ausgewogenheit angesichts des elenden Zustands unserer Welt noch interessieren?
So paradox es klingen mag: Mit Ausgewogenheit, mit Hin- und Herwenden kann man ein Problem auch kaputt differenzieren, und am Ende steht man zwischen den Standpunkten wie Buridans Esel.
Haben wir uns schon so daran gewöhnt, uns nicht mehr aufzulehnen, weil Engagement heute so wenig sexy ist und der Brecht'sche Zorn über das Unrecht so uncool, weil Mitgefühl lächerlich ist und sowieso jeder, der nicht mitspielt, im allgemeinen Wie-werde-ich-reicher-schöner-jünger-Monopoly kommunistischer Umtriebe verdächtig?
Ach, du heiliger Pasolini, ich hab mich schon mit Kommunisten gestritten, da hielten die Kinder der »Generation Golf« Rosa Luxemburg noch für einen schwulen Modeschöpfer. Ich wollte mir meinen Anarchismus bewahren, die Gewaltfreiheit, meine Religiosität und dennoch gegen den Kapitalismus argumentieren. Ich wollte keinem Lager angehören und keinem Ismus und trotzdem mitdemonstrieren gegen den Vietnam-Krieg. Ich wollte mit

Menschen aus der Politik befreundet sein und trotzdem Pazifist. (Das ist heute bedeutend schwieriger geworden. Leider.)

Doch bei aller Wut auf Politiker und Konzernmanager muss ich bekennen: Ich würde es nicht besser machen können. Eingebunden in die Mechanismen auf dem Weg zur Macht, würde ich ebenso scheitern an meinen Idealen, sähe mich plötzlich zur Diplomatie gezwungen, müsste Konzessionen machen und würde schon bald mein Gesicht verlieren und all meine Authentizität.

Und das ist das Unheimliche an dieser verfahrenen Situation, dass keine realistische Lösung in Sicht ist.

Der ehemalige Mitarbeiter des Spiegel, der verstorbene Tiziano Terzani, schreibt in seinem klugen und aufwühlenden Buch »Noch eine Runde auf dem Karussell«: »Der Mensch muss ein neues Bewusstsein seiner selbst, seines Daseins auf der Erde, seiner Beziehungen zu anderen Menschen und zu anderen Lebewesen entwickeln. Dieses neue Bewusstsein muss eine spirituelle Komponente enthalten, die dem zwanghaften Materialismus unserer Zeit etwas entgegenhalten kann. Nur unter diesen Umständen dürfen wir auf eine neue, vertretbare globale Zivilisation hoffen. Die jetzige hat uns in eine Sackgasse geführt und fällt mittlerweile wieder in die Barbarei zurück.«

Auch ich plädiere dafür, Spiritualität und politisches Engagement zu verbinden. Das stieß lange auf erheblichen Widerstand, wurde und wird als irrational denunziert.

Nun bin ich in erster Linie Künstler, und Kunst ist ihrem Wesen nach irrational. Es besteht kein Anlass, mich dafür zu schämen.

Kunst ist ihrem Wesen nach mystisch und drängt nach

Vereinigung: der Vereinigung der einzelnen Töne in einer übergreifenden Harmonie, der Vereinigung von Künstler und Publikum im gemeinsamen Konzerterlebnis, der Vereinigung des Komponisten mit einer nicht zu benennenden Quelle, aus der alle Inspiration kommt.

Die Politik dagegen trennt und spaltet, sie muss mit Feindbildern operieren, denkt in Schwarz-Weiß, verteufelt, denunziert und hasst. Doch solange wir unsere eigenen Konflikte nach außen tragen, kann die Macht kriegerischen Denkens nicht gebrochen werden.

Die Welt aber ist bunt und differenziert und sehnt sich nach Liebe, und in manchen Momenten auf der Bühne kann ich spüren, dass Künstler und Publikum, dass Menschen zu einem gemeinsamen Körper, zu einer gemeinsamen Seele verschmelzen können. Es mag kitschig klingen, aber ich bezeichne ein Konzert manchmal als einen regelrechten »Liebesakt« mit dem Publikum.

Ich hoffe immer noch, dass sich eines Tages auch die Politik der Poesie beugen wird.

Mit der Ausbreitung der neoliberalen Marktwirtschaft ist die Hemmschwelle gegenüber Grausamkeiten gesunken. Aber auch der Kreis der Menschen, für die man Mitgefühl hat, wird sich vergrößern. Ich glaube an diese Gegenbewegung, eine wachsende Vernetzung des Mitgefühls. Hoffen bedeute, lesen wir bei Erich Fromm, jeden Augenblick bereit sein für das, was noch nicht geboren sei, und trotzdem nicht verzweifeln, wenn es zu unseren Lebzeiten nicht zur Geburt komme.

Hans und Sophie Scholl und andere, oft bewusst vergessene kommunistische und gewerkschaftliche Widerstandskämpfer, haben den Nazi-Terror nicht verhindern können.

Sie sind gescheitert und hingerichtet worden.
Aber sie haben nicht versagt.
Und ich möchte mir die Geschichte unseres Landes ohne diese aufrechten Menschen nicht vorstellen. Es geht ums Tun und nicht ums Siegen!

Gerade im gesellschaftlichen und politischen Engagement ist das Zugeständnis zu scheitern und scheitern zu dürfen unerlässlich. Wie sollte man sonst seinen Mut bewahren? Wie sollte man sonst lernen, die eigene Trägheit zu überwinden? Anders lässt sich die Gefahr, von Ideologien vereinnahmt zu werden, nicht umgehen. Anders lassen sich Utopien nicht mal im Ansatz verwirklichen.

Und ich möchte meinen Lesern, allen Fehlversuchen und Unkenrufen zum Trotz, dieses poetische Credo von Oscar Wilde ans Herz legen:

Eine Weltkarte, die das Land Utopia nicht verzeichnet, ist keinen einzigen Blick wert!

nachbetrachtungen

Wieder im Leben,
wieder dabei.
Jahre des Wandels,
der Einsiedelei.

Stürme und Flauten.
Nur eines ist klar:
Alles ist anders –
und doch wie es war.

Irgendwas hält dich.
Doch es tut weh:
Dieses Werde und Stirb.
Dieses Blüh und Vergeh.

Wieder im Leben,
noch ist nicht genug.
Bring es zu Ende.
Leere den Krug.

(2004)

Diese biographischen Notizen sind ein interpretatorisches Unterfangen. Jede neue Erfahrung ermöglicht es, die eigene Biographie in einem anderen Licht zu sehen. Wie erlebe ich mich heute, wie erlebte ich mich damals, mit welchem Bewusstsein verstehe und verstand ich mich?

Erlebtes verwandelt sich mit dem jeweiligen Stand des Bewusstseins.

Ich begreife mein Leben als eine sich immer wieder verändernde Skizze, eher als Entwurf eines Lebens, dessen Konzept sich mir nie richtig erschließen konnte. Als Annäherung an eine große Idee, die ihren Sinn als ständig unbeantwortete Frage in sich birgt.

Oft warf ich mich mit einer Vehemenz ins Leben, dass es einem Wunder gleichkommt, heute noch darüber schreiben zu können. Und ich durfte erfahren, dass einen das Leben nicht unbedingt abweist, wenn man es sich nimmt.

Sich das Leben nehmen kann eben auch heißen, das Leben an sich zu reißen, es sich zu eigen zu machen, Herr zu werden über das eigene Leben.

Vielleicht will das Leben ja genommen werden wie eine Geliebte, zum rauschhaften Liebesakt bereit, ja vielleicht liebt es uns manchmal gerade, weil wir seinen Verführungskünsten erliegen, unüberlegt, unbesonnen, verrückt und hilflos sind. Vielleicht mag es keine Angeber, die besser wissen wollen, wie man überlebt, vielleicht mag es keine Sesselfurzer und Mitläufer, sondern Abenteurer, die nicht alles unter Kontrolle bringen wollen. Vielleicht belohnt das Leben manchmal gerade jene, die das Risiko und die Gefahr lieben?

»Es gibt nicht die Garantie – in keinem Augenblick –, nicht in einen Irrtum zu geraten und in eine tödliche Gefahr. Man meint vielleicht, es gäbe einen sicheren Weg. Aber das wäre der Weg der Toten«, schreibt C. G. Jung in seinen Erinnerungen.

»Stellen Sie sich auf der einen Seite all Ihre Niederlagen und schmerzvollen Momente vor und auf der anderen all Ihre Erfolge. Welche Erinnerungen würden Sie lieber behalten, wenn Sie auf eine Seite vollständig verzichten müssten?«

Mein Meditationslehrer war sich der Antwort auf diese Frage sicher. Fast keiner seiner Schüler habe sich je für die Erfolgsseite entschieden, sagte er.

Ich musste auch nicht lange überlegen, denn ich habe kaum Erinnerungen an meine großen Erfolge. Manchmal, wenn ich in alten Zeitungsartikeln stöbere, um etwas Biographisches zu suchen, mit Bekannten in weinseligen Erinnerungen schwelge, mit Musikern über vergangene Konzerte spreche, kann ich sie mir vergegenwärtigen. Die Misserfolge aber sind mir stets präsent. Je grandioser der Abstieg, desto einprägsamer der Eindruck. Je peinlicher die Situation, je tiefer der Schmerz, umso tiefer das Erleben, umso bleibender die Erinnerung.

In den Augenblicken meiner größten Verzweiflung war ich stets wesentlicher und lebendiger und näher an dem, was die Welt im Innersten zusammenhält.

Goethe zog am Ende seines Lebens Bilanz über die glücklichen Momente und kam zu der bitteren Erkenntnis, dass sie zusammengenommen grade mal sieben Tage seiner nahezu achtzig Lebensjahre ausmachten. Don Fabrizio, dem Fürsten aus Lampedusas »Leopard«, erschienen auf dem Sterbebett nach siebzig Jahren die wenigen lebenswerten Augenblicke wie »Goldkörnchen im Sand«. Bei meinem Aufenthalt im Benediktinerkloster in Andechs sangen wir jeden Morgen die ernüchternden Bibelworte: »Unser Leben währet siebzig Jahre, und wenn es hoch kommt, sind es achtzig. Das Beste daran ist nur Mühsal und Beschwer.« Vom Glück werden wir nun mal nicht satt in unserem Leben, wir würden elendig verdursten, wären unsere einzigen Quellen die Momente des Glücks.

Also warum nach anhaltender Glückseligkeit streben, wenn es so ein aussichtsloses Unterfangen ist? Warum nicht das Leben hinnehmen, wie es ist, mit allem, was dazugehört?

Wahrscheinlich haben viele Menschen eine völlig andere Vorstellung von Glück, und was dem einen gerade mal zur Zufriedenheit gereicht, ist dem anderen schon höchstes Glück. Aber ich erlaube mir, den Anspruch hochzuschrauben und das Glück anders zu sehen als nur im Sinne von »Glück gehabt«.

Stolz auf das, was ich alles gelesen hatte, erzählte ich meinem Meditationslehrer von Schelling und dem »Unvordenklichen«, dem, was allem Denken und Denkbaren zuvorkommt. Weil es unausdenkbar sei, der Anfang vor allem Anfang. Und dass dieses dem Denken Verborgene und Entzogene meiner Vorstellung vom Glück am nächsten komme.

Mein Meditationslehrer fiel mir ins Wort:

»Dein Schelling interessiert mich herzlich wenig, und das alles verleitet dich doch nur dazu, zu schwafeln statt zu praktizieren. Man rennt gegen eine Wand, wenn man sich dauernd Gedanken übers Nichtdenken macht, wenn du das Unvordenkliche, oder wie auch immer du es nennen willst, zum Gegenstand grüblerischer Gedankenkaskaden machst. So kommst du keinen Millimeter vom Fleck. Bewege dich, indem du dich nicht bewegst!«

Er hielt mich an zu schweigen, zu sitzen und achtsam zu sein, den Atem zu beobachten, die Geräusche zu registrieren, anstatt mich von ihnen ablenken zu lassen, den Blick nach innen zu senken.

Ich versuchte aufrichtig, seine Anweisungen zu befolgen.

Nach fünf Minuten begann ich zu schwitzen und meinen Atem zu hassen. Ich wollte aufspringen, durchs Zimmer hüpfen und rauchen.

Allerdings war es mir peinlich, meine Nikotinsucht einzugestehen.

Doch er ahnte es sowieso.

Nach einigen Wochen stellte sich mit der Übung eine gewisse Ruhe ein, mein Atem wurde mir vertrauter, meine Gelüste wichen dem stillen Gewahrsein des Sitzens, und dennoch geschah nichts wirklich Außergewöhnliches, wie ich es mir doch im Stillen erhofft hatte.

Auch jetzt noch, nach vielen Jahren der Übung, kann ich nicht sagen, wie und ob mir die Mühen der meditativen Versenkung zum Vorteil gereichen. Aber vermutlich ist es genau das: etwas zu tun ohne auf den Vorteil zu schauen.

Wir sind so eingebunden in dieses erfolgsorientiertes

Denken, dass wir selbst bei der Suche nach Kontemplation und innerem Frieden, dass wir selbst bei dem Versuch, dem Leistungsdruck zu entfliehen, eben den Strukturen verfallen, die wir meiden wollen.

Wir suchen Befreiung und bedienen uns dazu genau der Fesseln, von denen wir uns befreien wollen.

Es gibt unzählige Beispiele für neue, ungewohnte Wege zur Freiheit.

Aber sosehr mich zum Beispiel die berühmte Parabel des Zen-Schülers fasziniert, der Tag für Tag Laub zusammenrechen muss, das der Meister am Abend wieder über den Hof verteilt, um ihm die Nutzlosigkeit seiner Leistung vor Augen zu führen – ich würde vermutlich eines Tages diesem Meister einen kräftigen Arschtritt verpassen.

Vielleicht bin ich auch einfach nicht begabt für die Heiligkeit, oder ich muss mich noch ein paar Inkarnationen lang rumquälen, bis mich die Freuden demütigen Laubkehrens von der Rebellion abhalten.

Auch ich wüsste – wie Brecht in seinem Gedicht »An die Nachgeborenen« –, was weise ist:

»Sich aus dem Streit der Welt halten und die kurze Zeit
Ohne Furcht verbringen
Auch ohne Gewalt auskommen
Böses mit Gutem vergelten
Seine Wünsche nicht erfüllen, sondern vergessen
Gilt für weise.«

Und leben wir nicht auch in finsteren Zeiten?

Was sind das für Zeiten, um bei Bert Brecht zu bleiben, wo das Recht auch in dieser hochgelobten Demokratie das Recht derjenigen zu sein scheint, die über die finanziellen Mittel verfügen, *ihre* Meinung und *ihre* Version der Geschichte zu verbreiten?

Sind das nun die Zeiten des Dichtens und kontemplativen Schweigens, des Meditierens und des Rückzugs in die Höhle der persönlichen, höchstprivaten Erlösung?

Oder hat man in diesen Zeiten nicht eher die Verpflichtung, seine ganze Energie und Begabung dafür aufzubringen, denen beizustehen, deren höchstprivate Erlösung in weiter Ferne ist?

Oder sollte man sich einmischen *und* sich zurückziehen, da das eine ohne das andere zu einseitig, zu ideologisch, zu calvinistisch zu werden droht?

In den letzten Jahren versuche ich mich genau daran zu halten, mir immer wieder die Pausen der privaten Einigelung zu gönnen, dem Klang der ungespielten Töne zu lauschen, um dann wieder politisch Laut zu geben.

Sollte etwa der sogenannte Posthumanismus recht behalten, wird es den Menschen im herkömmlichen Sinn nicht mehr lange geben. Spätestens zum Ende des einundzwanzigsten Jahrhunderts wird er aussterben, übrig bleiben werden künstliche Intelligenzen und Roboter. Doch der Verzicht auf sich selbst soll mit Unsterblichkeit belohnt werden.

Die uralte Sehnsucht nach dem ewigen Leben scheint in greifbare Nähe gerückt. Von übermenschlichen Fähigkeiten in der virtuellen Welt wird geträumt, von vollkommenen Menschen, deren Fehler getilgt werden, von der Ausrottung des Bösen – der Tod soll nicht länger biologischen Konditionen unterworfen sein, sondern allein vom menschlichen Willen und der Vernunft der posthumanen Lebensformen kontrolliert werden.

Dass mich die menschliche Vernunft angesichts des Zustands der Welt nicht besonders überzeugt, habe ich schon in der Einleitung dieses Buches geschrieben. Und nun soll auch noch der Tod von ihr kontrolliert werden?

Allmachtsphantasien haben der Menschheit noch nie gutgetan.

Und kann denn irgendjemand ernsthaft glauben, dass wir für die Unsterblichkeit gerüstet sind?

Wir kriegen doch kaum diese lächerlichen siebzig oder achtzig Jahre auf die Reihe.

Wenn das rational Unerklärliche nicht mehr besteht, bekomme ich es mit der Angst zu tun. Und den durchaus verständlichen Wunsch nach vollkommener Berechenbarkeit der Zukunft des Menschen halte ich für bedenklich.

Wer wird sich anmaßen, den Menschen zu verbessern, seine Fehler auszumerzen, nach welchen Kriterien soll das geschehen? Welcher Moral der Unsterblichen werden wir Normalsterblichen uns dann zu beugen haben?

Sollten wir nicht lieber dem Tod die Chance geben, uns mit ihm auszusöhnen, ihn ins Leben hineinzunehmen, anstatt von individueller Unsterblichkeit zu phantasieren? Würde das nicht *mehr* Freiheit versprechen – denn alle menschliche Freiheit beruht darauf, die Furcht vor dem Tod zu verlieren.

Vor was fürchten wir uns so sehr?

Der Gedanke, in einem ewigen Kreislauf erhalten zu bleiben, nach unserem Tod vielleicht als Regen wieder auf die Erde zu fallen und als Maiglöckchen wieder das Licht der Welt zu erblicken, genügt uns nicht.

Wir wollen unsere Persönlichkeit über den Tod hinaus behalten.

Was aber ist so erhaltenswert an einem Ich, das sich immer wieder verändert?

Wir bauen uns im Laufe unseres Lebens, wie Kinder ihre Sandburgen, immer wieder eine Festung aus Teilwahrheiten und Lügen, die wir begeistert »Ich« nennen. Nicht ahnend, dass Heerscharen verschiedener, sich oft widersprechender Ichs als wackere, untereinander verfeindete Soldaten in dieser Festung hausen, jeder Einzelne bereit, erbittert für seine Überzeugung zu kämpfen und den anderen abzuschlachten.

Es zeigt uns ja gerade das Scheitern, dass die ganze Persönlichkeit, die man sich so mühevoll aufgebaut hat, auf einen Schlag zusammenbrechen kann. Und: dass hinter all den Fassaden dennoch etwas Unzerstörbares existiert.

So verbergen wir uns ständig vor uns und unseren Mitmenschen, und wenn uns plötzlich ein großer Schmerz befällt, sind wir oft unfähig, ihn als Chance wahrzunehmen.

Und wir können uns darauf verlassen, dass dieser Schmerz uns überkommt, sosehr wir diesen Gedanken auch wegzappen und wegblödeln wollen – er wird kommen, dieser große Schmerz, und am Ende steht der Tod, den wir so gar nicht wahrhaben wollen.

Im Angesicht des Todes bringt uns die intellektuelle Vorstellungskraft nicht weiter. Nur die Erfahrung. Lebendiges Wissen wurde das früher genannt, gelebtes, erlebtes Wissen.

Leider besteht für viele Menschen die Möglichkeit der Existenz des Geistes jenseits des rationalen Verstandes nicht, denn rationaler Verstand und Geist sind für sie dasselbe.

Don Bede Griffiths, ein Benediktinermönch, der in einem Ashram in Südindien lebte und dort sein Leben der Kontemplation und dem Gebet geweiht hat, sagte einmal:

»Wenn man bestimmten Menschen sagt, hinter dem dualen Verstand und seinen Konzepten gäbe es die absolute Weisheit, glauben sie, man sei verrückt. Aber dies verstehen wir unter einem Mysterium, und dies proklamierte der heilige Paulus als Weisheit und Geheimnis Christi.«

Mir scheint die Suche nach dieser absoluten Weisheit sinnvoller als der Versuch, mein unvollkommenes Dasein bis in alle Ewigkeit zu verlängern.

Es genügt mir, meine Fehler während meiner irdischen Zeit wieder und wieder zu machen. Ich habe keine große Lust, sie auch noch bis in alle Ewigkeit zu wiederholen.

Natürlich spekuliere ich auch auf ein Leben nach dem Tod. Darauf, dass mein Wesenskern unzerstörbar sei, dass ich aufgefangen werde von himmlischen Kräften. Aber auch dieses letzte große Scheitern am Leben ersehne ich mir als Möglichkeit zu einer Verwandlung meiner Person.

Ich hoffe, mir bleibt noch viel Zeit, um mich in der Kunst des Scheiterns zu üben, um dann beim Finale für das Abenteuer Tod gewappnet zu sein.

Und da nun mal definitiv niemand beweisen kann, was nachher passiert, halte ich es für legitim, sich das Schönste auszusuchen.

Vielleicht wird einem dann ja genau das Schloss gebaut, das man sich im Geiste errichtet hat, und da wäre es doch töricht, aus reiner Hybris darauf zu verzichten, dass einen Engel dereinst liebend umfangen werden.

Na also.

ps: vom sinn

Vom Sinn

Er ist amorph, er ist nicht leicht zu fassen.
Er ziert sich und verkleidet sich auch gern.
Am besten wär es sicher, ihn zu lassen,
vielleicht im »Faust« versteckt, als Pudels Kern,

in Philosophenseminaren, auf Kongressen
und fest versiegelt im gehobenen Gedicht.
Jedoch weil jeder so auf ihn versessen,
wird er gefunden, ob's ihn gibt oder auch nicht.

Und jetzt suchen wir mal alle nach dem Sinn.
Denn der Sinn liegt immer irgendwo drin.
Ja, wo ist er denn, wo bleibt er denn,
wo hat er sich versteckt?
Hat von Ihnen vielleicht jemand
den Sinn entdeckt?

Und jetzt suchen wir mal alle nach dem Sinn.
Ja, wo ist denn der Sinn schon wieder hin?
Schnell, wir müssen uns beeilen.
Hinter jeder dieser Zeilen
kann er kauern, mauern, lauern – der Sinn.

Schön wär's, Sätze zu schreiben, die bleiben,
obwohl sie nichts wollen und sollen.
Aber etwas drängt mich, engt mich ein und zwängt mich.
Existenzielle Schwere beschränkt mich.
Und dann hilft kein Fluchen, denn dann muss ich suchen,
muss in Sätzen wühlen, stecke knietief in Gefühlen,
leg mich auf die Lauer, werd kein bisschen schlauer,
und schon ist er hin – der Sinn.

Ach einmal liegen zu bleiben
statt »Bleib nicht liegen« zu schreiben.
Ohne Hintergrund kreieren, mit Metaphern jonglieren,
mit servilen Barbieren über nichts bramarbasieren,
mit billigen Schmieren auf Bühnen brillieren,
trivialisieren, semantisch masturbieren,
ohne Rücksicht auf Gewinn, und vor allem ohne Sinn …
Und auf einmal wird mir angst und bange:
Vielleicht tu ich das ja alles schon lange!

Und jetzt suchen wir mal alle nach dem Sinn.
Ja, wo ist denn der Sinn schon wieder hin?
Schnell, wir müssen uns beeilen!
Hinter jeder dieser Zeilen
kann er kauern, mauern, lauern,
sich verstecken, Zähne blecken,
schlichte Herzen derb erschrecken,
in Kritiken schwadronieren, resümieren, reüssieren,
als Erleuchtung sich gerieren …
Helft mir doch – da geht er hin:
der Sinn.

biographische stationen

Geboren in zwar knappen Zeiten,
aber keine Komplikationen im
Mutterleib.
Kein Kaiserschnitt,
nichts, was den Ausgang versperrt hätte,
nichts Aufregendes diese Geburt:
farblose Laken und eine Hebamme mit
Raucherbein.
Wär gerne am Amazonas zwischen zwei Regenzeiten
in die Welt geglitten
oder in einer Waschküche
heimlich als
Makel einer zwölfjährigen Mutter
oder in einem Luftschutzkeller
unter den Trompetensalven der Bomben –
hätte gern mehr Action gehabt bei meiner Geburt.
Versuche dies nachzuholen!

1. Juni 1947
in München geboren, Taufname: Konstantin Alexander
Eltern: Dorothea und Alexander Wecker
Keine Geschwister

1953
Erster Klavierunterricht, später auch Geige und Gitarre

1955 bis 1960
Knabensopran im Rudolf-Lamy-Kinderchor
Solist bei Plattenaufnahme der Filmmusik »Heimat, deine Lieder«
Mitwirkung in einer Kinderoper von Britten (Staatstheater am Gärtnerplatz, München)

Ab 1959/60
Erste Ausreißversuche von daheim – Ideal vom Leben als »freier Dichter«

1968
Erste Soloauftritte in der Kleinkunstszene

1969
Abitur am Theresien-Gymnasium, München
Musikhochschule München

1970
Universität München: Studium der Philosophie
und Psychologie

1971
Gründungsmitglied der Rock-Soul-Gruppe »Zauberberg«

1972
Annas und Substitut Judas bei der deutschsprachigen Tournee
von »Jesus Christ Superstar«
Filmrolle im Fernsehfilm »Die Autozentauren«
(Regie: Chuck Kerremans)

1972 bis 1974
Pianist und Arrangeur in Tonstudios
Schauspieler in Sexfilmen, u. a. »Beim Jodeln juckt die
Lederhose«

1973 bis 1975
Musik für die Stücke »Frauenpower«, »Terror« und »Viva Italia«
des Theaterkollektivs »Rote Rübe«

1973
April: Erste LP »Die sadopoetischen Gesänge des Konstantin
Amadeus Wecker« (Ariola)
Mai: Erste Auftritte in der Münchner Lach- und
Schießgesellschaft

1974
Zweite LP »Ich lebe immer am Strand«
(bis 1987 alle Tonträger bei Polydor)
Gründung der Gruppe »Team Musikon«

1975
Erste Live-LP »Ich singe, weil ich ein Lied hab –
live im Onkel Pö«

1976
LP »Weckerleuchten«
Erste Deutschlandtournee

1977
LP »Genug ist nicht genug« (mit »Willy«)
Deutscher Kleinkunstpreis
Liederpfennig am Rundy Ring
»Stern des Jahres« der Abendzeitung München

1978
Deutscher Schallplattenpreis für »Genug ist nicht genug«
Große Deutschlandtournee
Eigenes Tonstudio in Eching
LP »Eine ganze Menge Leben«
Buch »Eine ganze Menge Leben«
(Ehrenwirth, später Tb. Rowohlt)
Do-LP »Liederbuch«
Musik zum ARD-Film »1982: Gutenbach«
(Regie: Michael Verhoeven)

1979
Deutschland- und Österreichtournee
Do-LP »Konstantin Wecker live«
Zwischenmusik zur LP »Hagenbuch hat jetzt zugegeben«
von Hanns Dieter Hüsch (Intercord)
Filmrolle und Filmmusik in »Schwestern oder Die Balance
des Glücks« (Regie: Margarethe von Trotta)
Ernst-Hoferichter-Preis

1980
Konzerte in Holland und Skandinavien
Buch »Man muss den Flüssen trauen« (Ehrenwirth,
später Tb. Rowohlt)
Übersiedlung mit Musikern und Freunden in die Toskana,
dort Einrichtung eines Tonstudios
Heirat mit Carline Seiser

1981
Musik zur zweiten Staffel der ARD-Serie »Oh, dieser Vater«
LP »Liebesflug«
Große Deutschland- und Österreichtournee
3 LP-Set »Live in München«
Notenbuch »Konstantin Wecker Songbuch« (Zweitausendeins,
1997 Neuausgabe)
Buch »Lieder und Gedichte« (Ehrenwirth)
Buch »Und die Seele nach außen kehren/Uns ist kein Einzelnes
bestimmt« (Ehrenwirth, später Tb. Rowohlt, 1993 Tb.-Neuaufl.
Kiepenheuer & Witsch)
Buch »Konstantin Wecker – Im Gespräch mit Bernd Schroeder«
(Bertelsmann, später »Das große Konstantin Wecker Buch«,
Tb. Rowohlt)

1982
LP »Das macht mir Mut«
LP »Wecker«
Filmmusik »Die weiße Rose« (Regie: Michael Verhoeven)
Mitwirkung bei der Konzertreihe »Künstler für den Frieden«
LP »Genug ist nicht genug« (Amiga DDR, Sampler)

1983
Mitproduzent der LP »Weine nicht, aber schrei«
von Bettina Wegner (CBS)
Filmrolle und Filmmusik in »Peppermint Frieden«
(Regie: Marianne Rosenbaum)
LP »Filmmusiken«
Große Deutschland- und Österreichtournee
Musik zu Brechts »Der aufhaltsame Aufstieg des Arturo Ui«
(Städtische Bühnen Bonn, Regie: Dieter Munck)
LP »Im Namen des Wahnsinns – live '83«
Buch »Im Namen des Wahnsinns«
(Ehrenwirth, später Tb. Rowohlt)
Konzerte mit Joan Baez und Bettina Wegner
Buch »Ik will nog heel veel leven. Liederen & Gedichten«
(Internationale Pers, Amsterdam)

1984
LP/CD »Inwendig warm«
Filmmusik und Konzertauftritt in »Atemnot«
(Buch: Peter Turrini, Regie: Käthe Kratz)
Filmrolle und Filmmusik in »Martha Dubronski«
(Regie: Beat Kuert)
Filmmusik »Der Havarist« (Regie: Wolf-Eckart Bühler)
Schweiz-Tournee »Lieder und Lyrik«
Eröffnung des Musiklokals Kaffee Giesing mit angeschlossenem Studio in München
Buch »Ketterbrieven van een verslaafde: brieven en elegieen«
(Novella, Amersfoort)

1985
Mitproduzent der LP »Heimweh nach Heimat«
von Bettina Wegner (CBS)
Mitproduzent der LP »Unterm Regenbogen«
von Sigi Maron (Ariola)
Letzte Tournee mit dem »Team Musikon«
(»Lieder und Lyrik«)
Erstes Konzert in der DDR (Benzer Kirche, Usedom)
Musik zu Goethes »Faust I« (Schauspiel Bremen,
Regie: Günter Krämer)
Musik und Rolle im Fernsehspiel »Tödlich – gilt nicht« (Regie:
Marianne Rosenbaum und Gerard Samaan)
Solo-Tournee
SWF-Liederpreis für »Renn lieber, renn«

1986
Solo-Tournee (Fortsetzung)
Musik zum ZDF-Film »Stinkwut« (Regie: Michael Verhoeven)
Ballettmusik »Casanova« (Stadttheater Aachen, Choreographie:
Thorsten Müller)
Ehrenantenne des BRF 1986
LP »Jetzt eine Insel finden – live«
Buch »Jetzt eine Insel finden« (Ehrenwirth, später
Tb. Rowohlt)
Musik zur ARD-Serie »Kir Royal« (Regie: Helmut Dietl)
LP »Original Soundtrack aus der ARD-Serie Kir Royal« (Bellaphon)
LP/CD »Wieder dahoam« mit neuer Band um Wolfgang Dauner

1987
Große Tournee »Konstantin Wecker & Die Band«
ZDF-Film und Buch »Wieder dahoam – Wo München mir
gehört« (Eulen Verlag)
Musik und Nebenrolle in der ARD-Comedy-Serie »Dreifacher
Rittberger« (Regie: Bernd Schroeder)

Solo-Tournee im Herbst
Produzent der LP »Ohne Vorschrift leben«
von Barbara Thalheim (Castle Records)

1988
Filmmusik »Der Experte« (mit Dieter Hallervorden;
Regie: Reinhard Schwabenitzky)
Musik und Hauptrolle in der ZDF-Serie »Der Geisterwald«
(Regie: Gerard Samaan)
Do-LP/CD »Live in Austria«
Scheidung von Carline Seiser
Solo-Tournee
LP/CD »ganz schön wecker« (ab 1988 alle Tonträger bei Global
Musicon, in Österreich bis 1992 weiter Polydor)
Duettaufnahme »Yo canto porque tengo vida/Ich singe,
weil ich ein Lied hab« mit Mercedes Sosa (auf LP/CD »La
Negra«, Tropical)
Tournee »3 Stimmen« mit Joan Baez, Mercedes Sosa, der Band
und dem Modern String Quartett
Musik zu Schillers »Die Jungfrau von Orleans« (Volkstheater
Wien, Regie: Torsten Fischer)
Tournee mit dem Modern String Quartett
Musik und Liedertexte für Panizzas »Das Liebeskonzil«
(Schillertheater Berlin, Regie: Franz Marijnen)

1989
Solo-Tournee (Deutschland, Österreich und Schweiz)
Notenbuch »Songbook« (Edition intro, später Firmament
Musik)
Buch »Das macht mir Mut« (Henschelverlag, DDR;
Herausgeber: Fritz-Jochen Kopka)
Konzerte in Istanbul und Ankara
Konzert zur 200-Jahr-Feier des Englischen Gartens in München
mit ca. 150 000 Zuschauern
LP/CD »Stilles Glück, trautes Heim«

1990
Große, selbst veranstaltete Tournee (Deutschland, Österreich, Schweiz, Norditalien) mit der Band
Buch »Stilles Glück, trautes Heim« (Ehrenwirth, später Tb. Rowohlt)
Wissenschaftliche Arbeit an der Universität New York: Inke Pinkert-Saeltzer, »Die literarische Verarbeitung der bundesrepublikanischen Wirklichkeit nach 1968 in den Texten des Liedermachers Konstantin Wecker«, Buchveröffentlichung unter dem Titel »Immer noch werden Hexen verbrannt ... – Gesellschaftskritik in den Texten Konstantin Weckers« (Peter Lang)
Do-LP/CD »Konzert 90«
Musik zum ZDF-Film »Der Bierkönig« (Regie: Tom Toelle)
SWF-Liederpreis für »Sturmbannführer Meier«
Hauptrolle und Titelsong im ARD-Tatort: »Blue Lady« (Regie: Hans-Christoph Blumenberg)
Konzerte mit Wolfgang Dauner, u. a. in Bolivien, Peru und Mexiko

1991
Nebenrolle im Film »Go Trabi Go« (Regie: Peter Timm)
Duo-Tournee mit Wolfgang Dauner
Musik zum ARD-Film »Hausmänner« (Regie: Peter Timm)
Do-LP/CD »Classics«
»Classics«-Tournee mit dem Münchner Rundfunkorchester (Leitung: Peter Herbolzheimer)
Musik zu Schillers »Die Räuber« (Schauspielhaus Köln, Regie: Torsten Fischer)

1992
Filmmusik zu »Schtonk« (Regie: Helmut Dietl)
CD/LP »Original Soundtrack Schtonk«
Essay »Freund Flügel« (Zeitschrift »Muse«, März/April 1992, Regensburg)
Kritikerpreis für »Classics«

Tournee solo (»20 Jahre Wecker«) sowie mit Wolfgang Dauner und Charlie Mariano
Solokonzert in der Wiener Staatsoper
Roman »Uferlos« (Kiepenheuer & Witsch, später Tb. Knaur)
Lesereise »Uferlos« im Herbst

1993

Filmmusik »Ein Mann für jede Tonart« (Regie: Peter Timm)
CD »Ein Mann für jede Tonart – Original Soundtrack« (Edelton)
Filmmusik (tlw.) und Rolle in »Lilien in der Bank«
(Regie: Marianne Rosenbaum)
CD »Uferlos«
Buch »Sage nein! Politische Lieder 1977–1992«
(Kiepenheuer & Witsch)
Große Tournee mit Band
Musik und Hauptrolle im ORF/ZDF-Film »Das Babylon-Komplott« (Regie: Peter Patzak)
Wissenschaftliche Arbeit an der Universität Verona:
Julia Stoewer, »Genug ist nicht genug: Über den Liedermacher Konstantin Wecker«
SWF-Liederpreis für »Die Ballade von Antonio Amadeu Kiowa«
Duo-Tournee mit dem Keyboarder Jo Barnikel

1994

Do-CD »Uferlos in Salzburg Live«
Trio-Tournee mit Jo Barnikel und Norbert Nagel
Buch »Schon Schweigen ist Betrug. Die kompletten Liedtexte«
(Palmyra)
Musik und Hauptrolle im ORF/ZDF-Film »1945«
(Regie: Peter Patzak)
CD »Wenn du fort bist – Lieder von der Liebe und vom Tod«
Musik zum SAT 1-Film »Tödliche Besessenheit«
(Regie: Peter Patzak)
Musik und Hauptrolle in den ersten vier Folgen der
ARD-Reihe »Ärzte: Dr. Schwarz und Dr. Martin«

(Regie: Xaver Schwarzenberger/Bernd Fischerauer)
Tournee des »Konstantin Wecker Quartetts«
(mit Jo Barnikel, Norbert Nagel und Stephan Wildfeuer), u. a.
im Leipziger Gewandhaus, im Großen Festspielhaus Salzburg
und in der Wiener Staatsoper

1995

Titelmusik und Rolle (Folge »Münchner Freiheit«) in der
SAT 1-Serie »Kriminaltango« (Regie: Peter Fratzscher)
Große Tournee des »Konstantin Wecker Quartetts«
Kurt-Tucholsky-Preis
29. November Verhaftung wegen Kokainbesitzes / Untersuchungshaft
15. Dezember Aufhebung des Haftbefehls

1996

Heirat mit Annik Berlin
Buch »Arno Frank Eser: Konstantin Wecker –
Der Himmel brennt« (Ch. Links)
Filmmusik »Die Spur der roten Fässer« (Regie: Kai Wessel)
CD »Gamsig« (Covergemälde: Ernst Fuchs)
Tournee mit 17-köpfigem Chor aus Kamerun
»Les Voies d'Espérance de Douala«
Solo-Tournee »Leben in Liedern«
Buch »Leben in Liedern – das Programm« (BerlinDruck)
Musik und Hauptrolle in den Folgen 5 bis 8 der
ARD-Reihe »Ärzte: Dr. Schwarz und Dr. Martin«
(Regie: Bernd Fischerauer)

1997

6. Januar Sohn Valentin Balthasar geboren
Fortsetzung Solo-Tournee »Leben in Liedern«
Wissenschaftliche Arbeit an der Universität Straßburg: Corinne
Scheidt, »Konstantin Wecker – Zwischen Gott und Dämon.

Ein Künstler und sein Werk« (in französischer Sprache)
Vortrag »Es gibt kein Leben ohne Tod – Drogenabhängigkeit aus der Sicht eines Betroffenen« zur 71. Jahrestagung der Bayerischen Nervenärzte in Erlangen
Do-CD »Das pralle Leben« (Polydor-Sampler)

1998
CD »Brecht«
Buch »Schmerzvoll lebendig – die Gedichte 1963–1997« (Kiepenheuer & Witsch)
Hör-CD/MC »Schmerzvoll lebendig« (Hörverlag)
Lesereise »Schmerzvoll lebendig«
Musical »Dakota Pink« (Buch und Regie: Christian Schidlowsky, Theater Pfütze, Nürnberg)
Diplomarbeit an der Musikhochschule Graz: Stefan Stückler, »Konstantin Wecker – Eine Auseinandersetzung mit Leben und (Lied-)Schaffen«
Buch »Günter Bauch: Alte Freunde – Jugenderlebnisse mit Konstantin« (Hagenstroem Verlag)
Do-CD »live 98«
Tournee »Brecht und eigene Lieder« mit neuer Band

1999
15. September Sohn Tamino Gabriel geboren
CD »Liebeslieder«
Buch »Es gibt kein Leben ohne Tod. Nachdenken über Glück, Abhängigkeit und eine andere Drogenpolitik« (Kiepenheuer & Witsch)
Buch »Liebeslieder« (Pattloch)
Rolle in der Folge »Tommy« der ZDF-Serie »SOKO 5113« (Regie: Michael H. Zens)
Musik zum SWR 2-Hörspiel »Der Hund mit dem gelben Herzen« von Jutta Richter (MC AudioVerlag)
Musik und Rolle im ARD-Film »Mit 50 küssen Männer anders« (Regie: Margarethe von Trotta)

CD »Es lebte ein Kind auf den Bäumen«
Buch Jutta Richter/Konstantin Wecker: »Es lebte ein Kind auf den Bäumen« (Hanser)
Musik zum RTL-Film »Latin Lover – Wilde Leidenschaft auf Mallorca« (Regie: Oskar Roehler)
Nebenrolle im ARD-Film »Dunkle Tage« (Regie: Margarethe von Trotta)
Kindermusical »Jim Knopf und Lukas der Lokomotivführer« (mit Christian Berg; CD Karussell, Liederbuch Thienemann)
Goethe-Vertonung »An den Mond« für die Do-CD »Rosebud – Songs of Goethe and Nietzsche« (Weimar 99/Mastermind/SPV)
Pädagogische Arbeit am Staatlichen Studienseminar in Saarbrücken: Dagmar Schnepp, »Konstantin Wecker – Möglichkeiten des Einsatzes seiner Lieder im Musikunterricht der Sekundarschulen«
Essay »Musik wird zu Sprache, Sprache zu Musik. Unerbittlicher Rhythmus, archaische Schlichtheit der Melodien – Der Komponist Carl Orff« (Süddeutsche Zeitung Nr. 261, 11.11.1999, München)
Tournee mit dem Gitarrenduo »Paradoz«

2000

Fortsetzung der Tournee mit »Paradoz«
Radio Regenbogen Award (Medienpreis aus Baden-Württemberg)
April: Drogenprozess: In dritter Instanz rechtskräftige Verurteilung zu einem Jahr und acht Monaten Freiheitsstrafe auf Bewährung
Musik und Rolle im ARD-Film »Ein lasterhaftes Pärchen« (Regie: Wolf Gremm)
Kindermusical »Jim Knopf und die Wilde 13« (mit Christian Berg; CD Karussell, Liederbuch Thienemann)
Sommerkonzerte mit Hannes Wader und Jo Barnikel
Konzertante Aufführungen von »Es lebte ein Kind auf den Bäumen« in Koblenz und München unter der Leitung von Heinrich Klug

Musik (gemeinsam mit Nicolas Kemmer) zu »Minna. Musical«
(Buch und Liedtexte: Michael Wildenhain, Stadttheater Heilbronn, Regie: Klaus Wagner)

2001
CD »Meisterstücke« (Polydor-Sampler)
Tournee mit Jo Barnikel und Jens Fischer, tlw. auch mit Gerd Baumann
Live-CD »Wecker/Wader – Was für eine Nacht ...!« (pPläne)
Hör-CD »Konstantin Wecker liest Das bayrische Dekameron« von Oskar Maria Graf
(Literos)
Musik zur Hör-Do-MC »Der Tag, als ich lernte die Spinnen zu zähmen« von Jutta Richter (Hörverlag)
Rolle im ORF-Film »Edelweiß« (Regie: Xaver Schwarzenberger)
Musical »Schwejk it easy!« (Buch: Michael Korth und Peter Blaikner, Theater des Westens Berlin, Inszenierung: Elmar Ottenthal)
Uraufführung von Orchesterbearbeitungen einiger Lieder sowie der Vertonung des Textes «Entzündet vom Weltenbrand« von Rudi Spring unter der Leitung von Heinrich Klug in der Philharmonie am Gasteig (München)
Kindermusical »Pettersson und Findus« mit Christian Berg
Sommertournee mit Hannes Wader und Jo Barnikel
Musik zum Kindermitmachmusiktheater »Tamino Pinguin« von Christian Berg
Weitere konzertante Aufführungen von »Es lebte ein Kind auf den Bäumen« mit dem MDR-Orchester unter der Leitung von Heinrich Klug
Neue CD »Vaterland« (BMG/Global)
Buch »Günter Bauch: ›Schläft ein Lied in allen Dingen‹ – Konstantin Wecker. Wie alles begann« (Doell Verlag)
Großformatiger Text- und Bildband »Politisch nicht correct – Konstantin Wecker im Gespräch« (Doell Verlag)
Große »Vaterland«-Deutschlandtournee im Herbst mit

Gerd Baumann, Jens Fischer, Sven Faller und Jo Barnikel
Verleihung der Ehrenmitgliedschaft bei der Umweltschutz-
organisation »David gegen Goliath«

2002
Konzert mit Johannes Faber und Jo Barnikel im Staatstheater
am Gärtnerplatz (München)
Herzog Albrecht in einer Teilaufführung von Carl Orffs
»Bernauerin« im Rahmen eines Festkonzertes des Münchner
Rundfunkorchesters im Prinzregententheater (München)
CD »Vaterland live 01/02« (BMG/Global)
Fortsetzung der »Vaterland«-Tournee (Deutschland, Österreich,
Schweiz)
CD »Es geht uns gut – BEST« (ZOUNDS-Sampler)
Konzert mit Hannes Wader, Reinhard Mey und Jo Barnikel
in Bielefeld zum sechzigsten Geburtstag von Hannes Wader
»Das Dschungelbuch Musical« mit Christian Berg (CD/MC
EMI/Laut & Luise, Liederbuch Doell Verlag)
Duo-Tournee mit Jo Barnikel (Deutschland, Schweiz
und Österreich)

2003
Januar: Zehntägige Reise mit der Gesellschaft
»Kultur des Friedens« in den Irak
Konzerte in Bagdad und Ankara
Benefizauftritte und -konzerte gegen den Krieg im Irak,
u.a. gemeinsam mit Eugen Drewermann
CD »Konzert 90 – Die Highlights«
Doppel-CD »Mey Wecker Wader: Das Konzert« (Pläne)
15. Februar: Auftritt vor 500 000 Menschen bei der
Friedensdemonstration in Berlin
Duo-Tournee mit Jo Barnikel (Österreich)
2. April: Konzert »Stationen« mit vielen Mitmusikern von einst
und jetzt in der Philharmonie am Gasteig, München
Frühjahr und Herbst: Solotournee (Deutschland und Österreich)

Filmrolle und Musik zum ZDF-Fernseh-Dreiteiler
»In der Mitte des Lebens« (Regie: Bernd Fischerauer)
Liederbuch »Ich singe, weil ich ein Lied hab«
(Beste Zeiten Verlag)
Buch »Tobe, zürne, misch dich ein« (Eulenspiegel Verlag)
Sommer: Tournee mit Hannes Wader und Jo Barnikel
(Deutschland)
Kindermusical »Pinocchio« mit Christian Berg
(CD EMI/Laut & Luise)
Oktober: Mitwirkung bei der »Scheibenwischer«-
Abschiedsgala in Berlin
Musik zum Fernseh-Zweiteiler »Im Namen des Herrn« (ARD,
Regie: Bernd Fischerauer)

2004
Januar: Konstantin Wecker übernimmt die Patenschaft der
KlinikClowns in München
Tournee »Stationen« mit Jo Barnikel und Norbert Nagel
sowie solo
»Hundertwasser. Das Musical« (Buch und Liedertexte:
Rolf Rettberg, Uraufführung 30. Juli 2004 in Uelzen)
Roman und Lesetournee »Der Klang der ungespielten Töne«
(Ullstein Verlag)
Tournee »Ich gestatte mir Revolte« mit Ulrich Meining und
Damian Zydek
CD »Hundertwasser. Das Musical« (SPV Records)

2005
CD »Am Flussufer« (BMG/Global)
Tournee »Am Flussufer« mit Norbert Nagel, Jo Barnikel und
Hakim Ludin (Deutschland und Österreich)
Pate der KRASS-Initiative (Klub Rassismus ablehnender Schüler-
schaft) am Friedrich-List-Gymnasium, Gemünden am Main
3 CD Box »Der Klang der ungespielten Töne«
(gelesen vom Autor, Hörbuch Hamburg)

Mitkomponist beim Musical »Ludwig II«
(Uraufführung 10./11. März, Festspielhaus Neuschwanstein)
CD »Ludwig II« (BMG/Ariola)
Filmrolle und Musik »Apollonia«
(BR, Regie: Bernd Fischerauer)
CD »Apollonia – Soundtrack« (SPV Records)
Duokonzerte »Am Flussufer« mit Hakim Ludin
(Deutschland und Österreich)
Solokonzerte und weitere Konzerte »Ich gestatte mir Revolte«
Gemeinsam mit Manfred Knaak Musik zum Musical »Quo vadis« (UA 16. Juni Antikenfestspiele Trier)
Aktualisierte Neuauflage des Buches »Schon Schweigen ist Betrug. Die kompletten Liedtexte« (Palmyra)
Do-CD »Am Flussufer – live in München« (SONY/BMG)
Maxi-CD »Sage nein!«
mit der ersten deutschjüdischen Kantorin Avitall für »Hagalil«

2006

Tournee »WeckErlebnisse« mit den Münchner Symphonikern
(Ltg. Manfred Knaak)
Weitere Konzerte »Am Flussufer« und »Ich gestatte mir Revolte«
in Deutschland, Österreich, Schweiz und Luxemburg
Antifa-Tour gemeinsam mit »Strom & Wasser«
Taschenbuchausgabe »Der Klang der ungespielten Töne«
(Ullstein-List)
Hörbuch-CD »Sophie Scholl – Das Verhör« (O.Skar Verlag)
Hörbuch-CD »Heinrich Heine: Deutschland – ein Wintermärchen« (Ed. Minotaurus)
Aufführungen der Orchesterfassung »Pinocchio«
(Orchestrierung: Franz Kanefzky) mit dem Münchner
Rundfunkorchester in München
CD Sampler »Politische Lieder« (SONY/BMG)
Theatermusik »Faust I« (Bad Hersfelder Festspiele)
Kindermusical »Jan mit den Flügeln« (Theater des Kindes, Linz, Österreich)
Weltmusikpreis RUTH für das »Bagdad Kabul Projekt«

Liedkompositionen für »Till Eulenspiegel« (Oper Graz)
CD »Ich gestatte mir Revolte« (Laut & Luise)

2007
Tournee »Una nuova realtà« mit Pippo Pollina
(Deutschland, Österreich, Schweiz)
Erich-Fromm-Preis 2007 der Internationalen Erich-Fromm-Gesellschaft (gemeinsam mit Eugen Drewermann)
Filmmusik und Filmrolle im Fernsehfilm »Gipfelsturm«
(Regie: Bernd Fischerauer)
Filmmusik zum Kinofilm »Herr Bello«
(Regie: Ben Verbong)
Theatermusik *Faust II* (Bad Hersfelder Festspiele)

danksagung

Ich danke meiner Freundin und Agentin Erika Stegmann, denn ohne ihr liebevolles Engagement hätte ich vermutlich die Realisierung dieses Buches auf unbestimmte Zeit verschoben. Unter all den wunderbaren Mitarbeitern des Piper Verlags, die ich kennenlernen durfte, möchte ich vor allem meiner Lektorin Britta Egetemeier danken. Obwohl ich ihr lange Zeit nicht viel mehr als unbeschriebenes Papier vorlegen konnte, hat sie das Vertrauen in meine Kreativität nicht verloren.

Meinem alten Freund Günter Bauch kann ich gar nicht genug danken, er war mit mir beim Schreiben in der Toskana und hat mit seinem hervorragendem Gedächtnis und seinem sprachlichen Feingefühl immer wieder prächtige Steilvorlagen geliefert. Roland Rottenfusser, Redakteur meiner Website »hinter den Schlagzeilen« hat wichtige Vorarbeit geleistet, meine alten Tagebücher durchgesehen, in Interviews gewühlt, Themen vorgeschlagen.

Ohne Friedel Wahren sowie Angela Küpper und ihre Begeisterung für meinen letzten Roman wäre der Kontakt zu Piper nicht zustande gekommen – was für eine schreckliche Vorstellung!

Auch die Mitarbeit meines treuen und kompetenten Archivars Alexander Kinsky kann nicht genügend gewürdigt werden.

Ich danke außerdem Rolf Verres, Hans-Peter Dürr, Arno Gruen, Leo Prothmann, Rainer Funk, Thomas Mösler und Eugen Drewermann für Ermutigung und Bereicherung.

Und wie immer wäre auch dieses Buch nicht möglich gewesen ohne die Zuneigung meiner Freunde, die Liebe meiner Familie und den Zuspruch durch mein Publikum.

zum weiterlesen

S. 12
»Die Wolke des Nichtwissens« (The cloud of unknowing), eine Ende des vierzehnten Jahrhunderts in England entstandene mystische Schrift. Der anonyme Autor unterweist seine Leser in Kontemplationsformen, die, obwohl vom Christentum her entwickelt, Analogien zum Zen-Buddhismus aufweisen. Mich hat dieses Buch zu den Werken der christlichen Mystik geführt.

S. 14
Könnte die Welt nicht von ihrer Grundidee gerechter, zusammenhängender, gesetzmäßiger sein? Einfach – vernünftiger? Dazu mehr bei Neiman, Susan: Das böse Denken, Eine andere Geschichte der Philosophie, Frankfurt 2006.

S. 21
Salomo Friedländer (1871–1946), deutscher Philosoph und Schriftsteller.

S. 22
Ouspensky, Peter D.: Auf der Suche nach dem Wunderbaren. Perspektiven der Welterfahrung und der Selbsterkenntnis, Frankfurt 1999, 12. Auflage. Der Psychologe und Esoteriker Peter D. Ouspensky (1878–947) beschäftigte sich zeitlebens mit philosophischen und psychologischen Fragestellungen, die um die Möglichkeit einer »wahren« Erkenntnis von Wirklichkeit kreisten.

S. 27
Meine Lieblingsgedichte sind nachzulesen in:
Lyrik des expressionistischen Jahrzehnts. Von den Wegbereitern bis zum Dada, Limes, 1982.
Schwitters, Kurt: Anna Blume und ich, Hamburg, Zürich, 1996.
von Hoddis, Jakob: Weltende, Hamburg, Zürich 2001.

S. 46
»Alle Träume meiner Jugend seh' ich nun hier lebendig!« – Johann Wolfgang Goethe, Italienische Reise.
Als ich im Februar 2007 zur Fertigstellung des Buches in die Toskana gefahren bin, habe ich mir wieder die »Italienische Reise« gegönnt. Diesmal als Hörbuch (mit Gert Westphal), während der Autofahrt.

S. 53
Welte, Bernhard: Meister Eckhart. Gedanken zu seinen Gedanken, Freiburg 1992. Meister Eckhart tröstet mich immer wieder mit seinen freigeistigen Predigten und durch sein fast ketzerisches Verständnis von Gott.

S. 76
Gruen, Arno: Ich will eine Welt ohne Kriege, Stuttgart 2006.
Arno Gruen, geboren 1923, hat mein Denken in vielen Punkten maßgeblich geprägt, die Lektüre seines bahnbrechenden Buches »Der Fremde in uns« begeistert mich immer neu.

S. 81
Ich bin den Mitarbeitern des Hospizes der Barmherzigen Brüder in München zu großem Dank verpflichtet. Die liebevolle Betreuung meiner sterbenden Mutter hat ihr in den Wochen vor ihrem Tod die Würde zurückgegeben, die sie zuvor durch ihre schwere Krankheit verloren hatte. Ich habe mich entschieden, mich für die Hospizbewegung zu engagieren.
Verein zur Förderung des Johannes-Hospizes in München e. V.
c/o Provinzialat der Barmherzigen Brüder

Südliches Schlossrondell 5
80638 München
www.barmherzige-johanneshospiz.de
Konto Nr. 102 223 350
Liga-Bank eG
BLZ 750 903 00

S. 82
Batchelor, Stephen: Buddhismus für Ungläubige, Frankfurt
2005, 10. Auflage. Eine schöne Einführung für Interessierte.

S. 86
Mein erstes politisches Aufbegehren wurde durch anarchistische
Autoren wie Proudhon, Bakunin, Stirner und Kropotkin
genährt.

S. 90
Das Zitat ist dem Gedicht »Eure Etüden« von Gottfried Benn
entnommen:
»Das Krächzen der Raben ist auch ein Stück –
dumm sein und Arbeit haben:
das ist das Glück.«

S. 114
Krishnamurti, Jiddu: Das Notizbuch, Frankfurt 2002.
Krishnamurtis Bücher sind eine Quelle der Inspiration!

Für »Die Kunst des Scheiterns« habe ich meine Tagebücher
geplündert, in denen ich mir auch immer wieder Zitate notiert
habe.
Meist nicht mit Quellenangaben, die wissenschaftlichen Erfor-
dernissen standhalten. Und so weiß ich auch nicht mehr aus
welchem der vielen Osho-Bücher ich das Zitat abgeschrieben
habe. Jedenfalls: Osho zu lesen, macht Lust aufs Leben!

S. 120
Zum 200. Jahrestag wieder zu lesen: Hegel, Georg Wilhelm Friedrich. Phänomenologie des Geistes (1807), Frankfurt 1986.

S. 163
Viele Bücher haben mich zum Thema Erziehung beeinflusst, u. a. die des Reformpädagogen A. S. Neill, Gründer der Summerhill-Schule. Allen voran aber bin ich Alice Miller und Arno Gruen zu Dank verpflichtet.
Miller, Alice: Das Drama des begabten Kindes und die Suche nach dem wahren Selbst, Frankfurt 2004.
Miller, Alice: Am Anfang war Erziehung, Frankfurt 1983.
Gruen, Arno: Verratene Liebe – Falsche Götter, München 2006.
Erst vor kurzem habe ich ein Buch in die Hand bekommen, das mir sehr geholfen hat, meinen Erstgeborenen besser zu verstehen: Prekop, Jirina: Erstgeborene. Über die besondere Geschwisterposition, München 2000.

S. 189
Auf meine Irakreise hatte ich mich durch die Bücher von Howard Zinn, Tiziano Terzani, Noam Chomsky und vielen anderen vorbereitet.
Hier eine kleine Liste der mir wichtigen politischen Bücher:
Amery, Carl: Briefe an den Reichtum, München 2005.
Berman, Morris: Kultur vor dem Kollaps. Wegbereiter Amerika, Gütersloh 2002.
Chomsky, Noam: Media Control. Von Macht und Medien, Hamburg 2003.
Chomsky, Noam: Neue Weltordnungen. Von Kolonialismus bis zum Big MAC, Hamburg 2004.
Dahn, Daniela: Wenn und Aber – Anstiftungen zum Widerspruch, Reinbek 2002.
Funk, Rainer: Ich und Wir. Psychoanalyse des postmodernen Menschen, München 2005.
Gaus, Bettina: Frontberichte. Die Macht der Medien in Zeiten des Krieges, Hamburg 2004.
Mies, Maria; Werlhof von, Claudia: Krieg ohne Grenzen.

Die neue Kolonisierung der Welt, Köln 2004.
Uessler, Rolf: Krieg als Dienstleistung. Private Militärfirmen zerstören die Demokratie, Berlin 2006.
Ziegler, Jean: Das Imperium der Schande. Der Kampf gegen Armut und Unterdrückung, München 2005.

S. 194
Das Zitat Erich Fromms ist seinem Buch »Revolution der Hoffnung. Für eine humanisierte Technik« (Reinbek 1982) entnommen. Fromm begleitet mich, seit ich als Student »Die Kunst des Liebens« (Berlin 2005, ursprünglich erschienen 1956) gelesen habe. Für seine Haltung zu gewaltfreiem Protest, Ungehorsam und Zivilcourage habe ich höchste Bewunderung.

S. 204
Dürr, Hans-Peter; Oesterreicher, Marianne: Auch die Wissenschaft spricht nur in Gleichnissen, Freiburg 2004.

Krüger, Oliver: Virtualität und Unsterblichkeit. Die Visionen des Posthumanismus, Freiburg 2004.

Bild- und Textnachweis

1, 7: Archiv Konstantin Wecker
2, 4: Joseph Gallus Rittenberg, München
3: Bilderdienst Süddeutscher Verlag / Th. Schumann
5: Universal Music / Calle Hesslefors
6: Archiv Konstantin Wecker / Dominik Beckmann
8: Thomas Karsten

Die Auszüge aus den Gedichten und Liedern Konstantin
Weckers zu Beginn der Kapitel sowie auf den Seiten 89, 148,
189 und 208 f. druckt der Verlag mit freundlicher Genehmigung
des Fanfare Musikverlag / Global Chrysalis sowie des Autors.
Sie liegen vor in:
Konstantin Wecker, Tobe, zürne, misch dich ein,
Eulenspiegel Verlag 2003.
Konstantin Wecker, Schmerzvoll lebendig. Die Gedichte,
Kiepenheuer & Witsch 1998.
Konstantin Wecker, Schon Schweigen ist Betrug.
Die kompletten Liedtexte, Palmyra 2005.

S. 23 f. und S. 91 f. © Konstantin Wecker, Der Klang der
ungespielten Töne, Ullstein 2004.

S. 46 © BMG/Musik-Edition Diskoton.

S. 62 © Konstantin Wecker, Uferlos, Kiepenheuer & Witsch
1995.

S. 126f. © Konstantin Wecker, Es gibt kein Leben ohne Tod, Kiepenheuer & Witsch 1992.

S. 194 © Tiziano Terzani, Noch eine Runde auf dem Karussell. Vom Leben und Sterben, Hoffmann und Campe 2005.

S. 203 © Bert Brecht, Alle Gedichte in einem Band, Insel 2003.